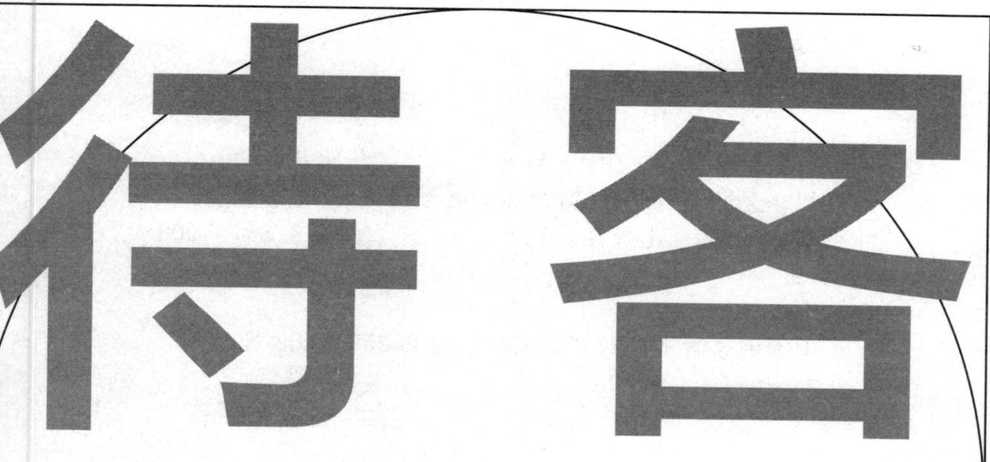

待客之道

如何把客户体验做到极致

王岩鹏 著

中国商业出版社

图书在版编目（CIP）数据

待客之道 ： 如何把客户体验做到极致 / 王岩鹏著. 北京 ： 中国商业出版社， 2025. 4. -- ISBN 978-7-5208-3363-9

Ⅰ. F274

中国国家版本馆 CIP 数据核字第 2025E44E63 号

责任编辑：滕　耘

中国商业出版社出版发行

（www.zgsycb.com　100053　北京广安门内报国寺 1 号）

总编室：010-63180647　　编辑室：010-83118925

发行部：010-83120835/8286

新华书店经销

三河市京兰印务有限公司印刷

*

710 毫米 ×1000 毫米　16 开　10 印张　160 千字

2025 年 4 月第 1 版　2025 年 4 月第 1 次印刷

定价：39.80 元

* * * *

前言

解锁客户忠诚的待客艺术

在当今这个信息爆炸、竞争激烈的商业时代，客户体验已经成为企业最宝贵的资产之一。它不仅是衡量企业成功的关键指标，更是连接企业与消费者情感的纽带，是品牌忠诚度和市场份额增长的主要驱动力。然而，将客户体验提升至极致，并非一蹴而就，它要求企业具备敏锐的市场洞察力、前瞻性的战略思维，以及持续的创新与改进能力。

简而言之，客户体验是指客户在与企业的产品或服务互动时，所产生的一系列感受、认识及情绪的综合体现。它超越了传统的产品质量和服务水平，涵盖了从品牌认知、产品选择、购买决策、使用体验到售后服务的整个过程。在这个以体验为主的时代，企业之间的竞争已经从单纯的产品功能、价格竞争，转变为全方位、多维度的客户体验竞争。谁能更好地理解并满足客户的期望，谁就能在市场上占据先机，赢得客户的青睐。

然而，为了达成这一目标，企业必须应对众多挑战。一方面，科技的飞速发展导致消费者的需求和偏好日益多样化与个性化。他们对产品和服务的质量期望不断上升，更加追求便捷、高效且个性化的体验。另一方面，市场环境的复杂性和多变性，以及竞争对手的不断涌现，要求企业在有限的时间和资源条件下，迅速适应市场变化，并持续创新，以保持竞争优势。

在这样的背景下，本书应运而生。本书致力于为企业提供一套全面的方法论，指导企业从战略层面出发，坚持以客户为中心，全面提升客户体验。书中不仅深入探讨了客户体验的重要性，剖析了当前市场环境下客户体验所面临的挑战与机遇，还从实践角度出发，提供了一系列操作性强、成效显著的策略与工具。

本书将从洞察客户需求的角度出发，通过市场调研和数据分析等方法，深入理解客户的期望和需求，为后续的客户服务提供精确的定位。同时，将专注于服务设计，探讨如何以用户为中心，构建流畅、便捷、个性化的服务流程，从而提高客户的满意度和忠诚度。在技术应用领域，将讨论大数据、人工智能等尖端技术如何帮助企业升级客户体验，提高服务效率和品质。此外，还将关注客户反馈和持续改进，阐述如何建立有效的反馈机制，通过持续的监测和评估，不断优化服务，确保客户体验的持续提升。

本书不仅是一本融合理论与实践的著作，也是一本实用的行动指南。它激励企业以开放的心态和创新的思维，不断探索和实践，将客户体验提升到前所未有的水平。笔者坚信，通过本书的指导，企业能够更深入地了解客户，有效地满足他们的需求，从而在激烈的市场竞争中脱颖而出，实现持续发展的目标。

在这个注重客户体验的市场环境中，让我们共同踏上这段探索客户体验的旅程，深入挖掘待客之道的精髓，致力于将客户体验提升至极致，与客户携手共创企业与消费者双赢的美好未来。

目录
CONTENTS

第4章 关注细节：真诚服务中的微妙艺术

第5章 环境营造：创造舒适与惊喜的空间

第6章 定制服务：从“一”到“唯一”的蜕变

第7章 情感链接：建立长期的信任关系

第8章 创新不息：追求卓越的客户体验

第9章 实践之光：成功企业的客户体验实践

第10章 行动指南：绘制你的客户体验蓝图

第1章

开启客户体验的新纪元

在当前竞争激烈的市场环境下，企业已不再单纯依赖产品或服务的独特性来吸引客户。随着客户需求变得越来越多样化和个性化，提供卓越的客户体验已成为提升品牌忠诚度的有效手段，也是企业在激烈市场竞争中脱颖而出的关键。本章旨在引领企业进入客户体验管理的新时代，深入揭示客户体验的实质，深入分析客户需求与期望，并共同探讨如何将客户体验提升至新的高度，以助力企业重塑其核心竞争力。

1.1 客户体验的真相：不只是微笑和问候

在当今竞争激烈的市场环境中，客户体验已成为企业获取竞争优势、增强客户忠诚度的关键因素。然而，一些企业错误地将卓越的客户体验简化为员工的微笑和热情问候，误以为只要员工态度友好、环境干净整洁、流程流畅，便足以确保客户的满意和忠诚。实际上，客户体验贯穿于客户与品牌互动的每一个细节，直至满足并超越客户的期望。

1.1.1 深度剖析客户体验——微笑与问候背后的隐形战场

在商业经营中，众多企业为了吸引并维系客户，常常将"微笑服务"和"亲切问候"作为提升客户体验的关键策略。微笑和问候无疑是构成客户体验的关键元素，它们能够营造友好和温馨的交流环境，使客户感受到被尊重和被重视。然而，这些表面的行为只是客户体验的表层部分，若没有更深层次的支撑，它们的效力很快就会消散。

这是因为，如果微笑和问候仅仅停留在表面，它们很容易沦为机械化的常规操作，缺乏真诚和个性化。当客户感知到这种形式化的服务时，他们可能会感到被忽视或不被理解。此外，即便客户对产品或服务有所不满，微笑和问候虽然能暂时缓和客户的负面情绪，但它们并不能从根本上解决客户所面临的问题。

因此，客户体验的实质是一场涉及众多维度和层面的隐形战争。微笑和问候仅仅是这场战争的表象，真正决定客户忠诚度和满意度的，是那些隐藏在背后的细节和机制。

1. 情感共鸣：从表面友好到深度链接

微笑和问候确实能够营造一种友好与温馨的氛围，使客户感受到被重视和被尊重。然而，真正的情感共鸣需要企业深入了解客户的需求、期望和痛点，通过个性化的服务和解决方案，与客户建立深层次的情感链接。这种链接不仅仅是表面上的礼貌和客气，而是基于对客户真实感受的理解和回应。

例如，一家零售店在客户生日时发送祝福短信并提供专属优惠，这种个性化的关怀能够让客户感受到被特别对待，从而增强其对品牌的情感依赖。这种深度链接的形成，需要企业具备强大的数据分析能力和客户洞察能力，以便精准地把握客户的心理和需求。

2. 流程优化：从便捷性到无缝体验

虽然微笑和问候能够提升客户的心理感受，但烦琐的流程、漫长的等待时间和低效的服务却会严重损害客户的整体体验。因此，企业必须持续优化服务流程，减少客户的等待时间和操作难度，实现服务的无缝衔接。

以在线购物为例，一个优秀的电商平台应该具备简洁明了的页面设计、快速响应的客服系统、便捷的支付方式和高效的物流配送。这些环节的优化能够显著提升客户的购物体验，使其享受到便捷和高效的服务。而这一切的背后，需要企业投入大量的技术和资源，进行系统的升级和改造。

3. 价值认同：从产品功能到品牌认同

客户体验的最终目的是传递企业价值，增强客户对品牌的认同度与忠诚度。微笑和问候虽然能够营造一种积极的氛围，但真正能够打动客户的是企业所提供的产品和服务所蕴含的价值。这种价值不仅仅是产品本身的功能和性能，更包括企业所倡导的理念、文化和价值观。

例如，一家环保企业不仅提供高质量的环保产品，还积极倡导绿色生活方式和可持续发展理念。这种价值传递能够激发客户的共鸣和认同感，使其愿意与企业共同推动环保事业的发展。这种深层次的客户体验需要企业具备高度的社会责任感与使命感，以及良好的品牌形象与企业文化。

1.1.2 超越微笑与问候——构建卓越客户体验的全面策略

在深入探究客户体验的深度与复杂性之后，企业必须采纳更为全面和深入的策略，以塑造无与伦比的客户体验。

1. 打造个性化服务体验

提供个性化的服务是提升客户体验的有效途径。企业可以借助大数据和人工智能技术，深入分析客户的购买历史、浏览行为以及兴趣爱好等数据，以精确掌握客户需求和偏好。基于此，企业能够为客户提供定制化的推荐、优惠和服务，从而让客户感受到特别的关怀和重视。

2. 优化服务流程与交互设计

服务流程和交互设计的优化对于提升客户体验至关重要。企业应关注客户在每一个接触点的体验，从客户踏入企业大门的那一刻起，直至离开，每一个环节都需经过精心设计和优化。这包括简化操作流程、缩短等待时间、提供明确的指引和反馈等。

同时，企业还应重视交互设计的友好性和便捷性。无论是线上还是线下的服务渠道，都应具备简洁明了的界面设计、直观易懂的操作流程和及时有效的反馈机制。这些设计能够降低客户的操作难度和认知负担，进而提升其使用体验和满意度。

3. 加强品牌认同与文化共鸣

企业必须明确其品牌定位和企业价值观，并将这些贯穿于产品和服务的设计、营销及推广等各个阶段。通过传递统一的品牌形象和文化理念，企业能够与客户建立深厚的情感链接。

例如，一家时尚品牌可以通过独特的设计风格、个性化的营销策略和丰富的文化活动来塑造自己的品牌形象与文化氛围。这种鲜明的品牌形象和文化氛围能够吸引具有相似兴趣与价值观的客户群体，从而形成强大的品牌凝聚力和忠诚度。

4. 构建持续反馈与改进机制

客户体验是一个持续的过程，企业必须建立有效的反馈和改进机制，以不断优化和提升客户体验。这包括收集客户的反馈意见和建议、分析客户的满意度和忠诚度数据、监测服务流程中的问题和瓶颈等。通过这些方法，企业能够识别并改善客户体验中的不足，进而持续提升客户满意度和忠诚度。

同时，企业还应重视员工的培训和管理。员工是连接企业与客户的桥梁，他们的态度和能力将直接影响客户体验。因此，企业需要加强员工的培训和管理，提高其服务意识和专业技能，以便他们能更好地服务客户并传递企业的价值。

综上所述，客户体验的实质远不止微笑和问候那么简单。它涵盖多个维度和层面，需要企业采取全面而深入的策略来构建卓越的客户体验，这样才能持续提升客户的满意度与忠诚度，并在激烈的市场竞争中脱颖而出。

1.2 核心竞争力的重塑：注重客户体验

在当今社会，市场竞争愈发激烈，消费者期望不断提升，传统的竞争壁垒正逐渐消融，而一股新的力量正在悄然崛起——那就是客户体验。那么，为何客户体验在当代商业环境中成为企业制胜的关键？企业又应如何调整策略以应对变革，确保在激烈的市场竞争中稳操胜券呢？

1.2.1 客户体验成为新时代商业竞争的焦点

在竞争日益激烈的商业环境中，传统的核心竞争力，如技术壁垒、成本优势或品牌影响力，虽然依旧重要，但已不足以确保企业在市场中长期占据领先地位。随着消费者需求的日益多样化和个性化，客户体验逐渐成为企业重塑核心竞争力的关键。

1. 消费者主权崛起

随着互联网的普及和社交媒体的蓬勃发展，消费者的信息获取能力和话语权得到了显著提升。他们不再仅仅是被动接受企业宣传的对象，而是积极地搜寻信息、分享个人体验，并借助社交媒体平台产生强大的口碑效应。因此，企业必须迅速适应消费者需求的变化，提供超出预期的体验，以便在竞争激烈的市场中脱颖而出。

2. 从产品导向到用户导向的转变

过去，许多企业将产品置于核心地位，致力于技术创新和成本控制，却往往忽视了用户的真实需求和感受。如今，那些取得成功的企业已经实现了从产品导向到用户导向的转变，通过深入洞察用户的生活方式、偏好和痛点，设计出满足其需求的产品和服务。这种转变要求企业拥有敏锐的用户洞察力和快速迭代的能力，不断改进产品，以提升用户体验。

3. 体验经济的兴起

体验经济强调企业所提供的核心价值在于创造难以忘怀的体验，而不仅仅是产品或服务的简单交付。在体验经济时代，消费者追求的不仅仅是物质上的满足，他们更渴望满足情感、社交和自我实现的需求。因此，企业需要将体验设计融入产品和服务的每一个细节，创造独特且引人入胜的体验，从而与消费者建立情感上的链接。

1.2.2 重塑核心竞争力的策略与实践

客户体验超越了产品和服务的质量范畴，它是一种全面而多维的互动过程，涵盖了品牌接触、购买决策、使用体验以及售后服务等多个环节。随着客户体验逐渐成为商业竞争的关键点，企业应该如何重塑其核心竞争力，以实现可持续发展？

1. 构建以客户为中心的企业文化

企业文化体现了企业的价值观，并指导着企业的行为取向。为了提升客户体验，企业必须从内部开始，构建以客户为中心的企业文化。这主要包括以下三个方面。

首先，培养员工的服务意识。通过培训和教育增强员工对客户体验重要性的认识，并激发他们为客户提供卓越服务的热情。

其次，建立跨部门协作机制。打破部门间的壁垒，促进市场、产品、研发、运营等部门之间的紧密合作，确保客户的声音能够迅速地传递至各个相关环节，形成以客户为中心的工作流程。

最后，鼓励创新和持续改进。建立一个容错的环境，激励员工进行创新思考，并不断改进产品和服务，以持续提升客户体验。

2. 运用大数据和人工智能技术优化客户体验

随着大数据和人工智能技术的飞速发展，企业迎来了前所未有的机遇，能够更精确地洞察客户需求，从而优化客户体验。以下是一些企业可以采纳的应用策略。

首先是个性化推荐。通过分析消费者的购买历史和浏览记录等大数据，企业能够提供定制化的商品推荐和服务，从而增强消费者的购物体验和满意度。

其次是智能客服。借助人工智能技术，企业可以实现全天候在线的智能客服系统，迅速回应消费者的咨询和投诉，提高问题处理的效率。

最后是预测性维护。对于那些需要售后服务的产品，企业可以利用物联网和人工智能技术收集设备的运行数据，进行预测性维护，以减少故障的发生，进而提高客户满意度。

3. 打造全渠道融合的客户体验

随着消费者购物习惯的日益多样化，企业必须提供全渠道融合的购物体验，确保消费者在任何时间、任何地点都能享受到一致且高质量的体验。企业可以从以下三个关键方面着手。

首先，线上线下无缝对接。通过整合线上线下的资源，实现商品信息的实时同步更新、库存共享以及购物体验的无缝切换，从而提高消费者的购物便捷性。

其次，社交媒体的互动交流。利用社交媒体平台与消费者建立互动关系，及时响应消费者的反馈和投诉，收集并采纳消费者的意见和建议，以增强品牌形象和提升口碑。

最后，会员体系的整合优化。构建统一的会员体系，实现会员信息跨平台共享，为会员提供个性化优惠和服务，以增强会员的忠诚度和参与感。

4. 强化情感纽带与社交体验

在体验经济时代，消费者所追求的已远不止物质满足，他们更渴望在情感、社交和自我实现方面得到满足。因此，企业必须采取以下策略来加深与消费者之间的情感纽带和社交体验。

首先，故事化营销。通过讲述品牌及其产品的背后故事，与消费者建立情感上的联系，从而增强品牌认同感和归属感。

其次，社区建设。创建品牌社区，激励消费者分享使用体验、参与品牌活动，促进品牌与消费者之间的积极互动。

最后，定制化服务。提供个性化的产品和服务，以满足消费者的独特需求，增强消费者的专属体验。

5. 持续优化和迭代

客户体验是一个持续优化的过程，企业应建立反馈机制，定期收集并分析客户意见，以改进产品和服务。同时，企业还需要保持敏锐的市场洞察力，关注行业动态和竞争对手的动向，及时调整策略，确保客户体验始终保持在行业前列。

在新时代的商业竞争中，客户体验已经成为焦点，也是企业重塑核心竞争力的关键。未来，随着技术的不断进步和消费者需求的不断变化，客户体验的提升将永无止境。企业需要保持创新精神，不断探索和实践，为客户提供更加卓越、独特的体验，如此才能赢得客户的信赖和忠诚。

1.3 在打造极致客户体验中提升品牌忠诚度

品牌忠诚度是企业最珍贵的无形资产之一，它不仅影响市场份额和盈利能力，更是企业持续发展的基础。然而，在消费者需求日益多样化、市场竞争愈发激烈的背景下，如何提升品牌忠诚度成为企业面临的一大挑战。

客户体验，作为品牌与消费者之间最直接、最深刻的互动，对于构建和提升品牌忠诚度具有不可替代的重要性。那么，企业如何通过创造卓越的客户体验来有效增强品牌忠诚度，从而在新时代的市场竞争中占据优势呢？

1.3.1 客户体验——品牌忠诚度的基石

在当今这个信息透明、选择多样的市场环境中，品牌忠诚度已成为企业持续发展的关键驱动力。客户体验对提升品牌忠诚度至关重要，它不仅包含产品或服务的特性，还包含情感链接、价值认同及生活方式的选择。

1. 客户体验：从满意到忠诚的桥梁

客户体验涉及客户对产品或服务从认识、选择、使用到售后服务的整体感受。良好的客户体验能提升满意度，而持续的满意度则是建立品牌忠诚度的基石。当客户对品牌产生高度满意时，他们更倾向于重复购买、推荐给他人，并在面对竞争品牌时保持忠诚。

2. 情感共鸣：建立对品牌忠诚的深层链接

情感共鸣超越了产品功能和服务质量的层面，触及客户内心深处的需求和渴望。通过精准的品牌定位和个性化的互动策略，企业可以与目标客户群建立情感上的链接，使他们感受到品牌所传递的价值观、生活方式或情感寄托。这种深层的情感链接能加深客户对品牌的认同与归属，从而增强品牌忠诚度。

3. 价值传递：塑造独特的品牌体验

品牌忠诚度不仅取决于产品或服务的质量，更在于品牌所能为客户提供的独特价值。这包括功能性价值（如性能、可靠性等）、情感性价值（如归属感、自豪感等）以及社会性价值（如身份认同、社交价值等）。通过精心设计的客户体验，企业可以将这些价值以直观、生动的方式传递给客户，使他们在与品牌的互动中感受到与众不同。这种独特的品牌体验能够增强客户的记忆点，提升品牌的识别度和忠诚度。

1.3.2 打造极致客户体验的创新实践

在认识到客户体验对品牌忠诚度的重要性之后，企业必须制定有效的策略和实践，以创造卓越的客户体验，从而增强品牌忠诚度。

1. 深入了解客户需求与期望

这要求企业拥有敏锐的市场洞察力和深入的客户分析能力。通过市场调研、客户访谈、数据分析等方法，企业能够收集到关于客户偏好、痛点、期望等关键信息。这些信息为后续的产品设计、服务改进和营销策略提供了有力的支持。

2. 提供个性化与定制化服务

在个性化消费趋势日益显著的当下，提供个性化与定制化的服务已成为提升客户体验的关键策略。企业可以利用大数据分析、人工智能技术等工具，深入分析客户的购买历史、浏览行为、兴趣爱好等，从而为他们提供定制化的产品和服务。这种个性化的体验能够提升客户的专属感和尊贵感，进而增强他们对品牌的忠诚度。

3. 构建无缝衔接的购物体验

随着消费者购物渠道的多样化，企业必须提供无缝衔接的购物体验，确保客户在任何时间、任何地点都能获得一致、优质的体验。这涵盖了线上线下的无缝衔接、跨渠道购物体验的一致性以及便捷的售后服务等。通过优化购物流程、提高客户服务质量、加强库存管理等方式，企业能够为客户提供更加顺畅、愉悦的购物体验，进而提升品牌忠诚度。

4. 情感营销与品牌故事

通过讲述品牌故事、传播品牌理念、举办品牌活动等方式，企业可以与目标客户群建立情感上的联系，使他们感受到品牌所传递的价值观和情感寄托。这种情感共鸣能够加深客户对品牌的认同感与归属感，让他们在竞争中保持忠诚。同时，品牌故事也能赋予品牌独特个性与魅力，提高品牌辨识度与竞争力。

5. 持续优化与创新

客户体验是一个持续优化的过程。企业应建立反馈机制，定期收集并分析客户意见，以发现并改进问题。同时，要保持市场敏锐度，关注行业与竞争对手动态，灵活调整策略，维持竞争优势。此外，企业要持续创新，通过引入新技术、新思维和新模式，为客户带来更加新颖、独特的体验，从而增强他们对品牌的忠诚度和黏性。

6. 构建忠诚客户社群

构建忠诚客户社群是提升品牌忠诚度的有效策略。企业可以通过社交媒体、会员系统、线下活动等多种方式，与忠诚客户建立紧密的联系，并为他们提供专属的优惠和服务。此外，企业还可以激励忠诚客户分享他们的使用心得和体验，借助口碑传播吸引更多潜在客户。这种社群化的运营方式能够增强客户对品牌的归属感和自豪感，从而提升品牌的忠诚度和影响力。

综上所述，深入了解客户需求与期望，并采取一系列创新策略，为客户提供更优质、独特的体验，是企业赢得客户信任和忠诚的关键。在未来的市场竞争中，那些能够成功打造极致客户体验的企业将更具竞争力，更有可能成为行业的领导者。

1.4 深度解析：精准掌握客户需求与期望

客户体验是企业区分自身与竞争对手并提升客户忠诚度的关键因素。为了实现卓越的客户体验，企业必须深入分析并精确理解客户的需求与期望，运用科学的方法和策略，深入了解客户需求，以提供超出预期的服务和产品。

1.4.1 多维度解析客户需求

客户需求是企业服务的起点和终点，但这些需求并非固定不变，它们会随着市场环境、个人偏好、技术进步等多种因素的变化而动态演变。因此，要精确掌握客户需求，企业需要从多个角度进行深入分析。

1. 辨识显性需求与隐性需求

显性需求指的是客户直接表达或通过行为明确展示的需求，如产品的基本功能、价格区间、交货时间等。企业通常通过市场调研、问卷调查、客户反馈等手段来收集这类信息。然而，显性需求通常只是表层现象，它们仅反映了客户最基本的需求层次。

相对而言，隐性需求更为复杂且不易被发现，它们涵盖了客户的情感需求、使用体验、个性化偏好等更深层次的内容。例如，客户可能不会直接要求产品的设计必须符合他们的审美，但产品的外观设计、用户界面的友好度等都会显著影响他们的购买决策。企业可以通过深度访谈、用户观察、情感分析等方法，更深入地了解客户的隐性需求。

2. 考虑情境化需求

客户需求往往与其所处的特定情境紧密相关。同一客户在不同时间、不同场景下，对同一产品或服务的需求可能大相径庭。例如，一位商务旅行者在长途飞行中可能更重视耳机的降噪功能，而在日常通勤时则可能更看重其轻便性和便携性。因此，企业需要构建情境化的客户画像，模拟客户在不同场景下的需求变化，提供更加贴合情境的个性化服务。

3. 追踪与预测动态需求

客户需求是动态变化的，会随着时间的推移、技术的进步和社会趋势的演变而演变。企业应建立持续监控体系，利用大数据、人工智能等技术分析客户行为，预测未来需求趋势。例如，通过分析客户的购买历史、浏览记录、社交媒体互动等数据，企业可以预测客户可能感兴趣的新产品或服务，提前布局，抢占市场先机。

1.4.2 客户期望的有效管理与超越

客户需求是动态变化的，而期望则是建立在需求之上的心理预期，它直接决定了客户体验的满意度。因此，企业不仅要精确捕捉客户需求，更要有效管理客户期望，使之与企业能力相匹配，从而避免期望落差带来的负面体验。

1. 清晰沟通，设定合理期望

清晰沟通是管理客户期望的第一步。企业应通过多渠道、多形式的信息传递，确保客户对产品或服务有准确、全面的了解。这包括提供详尽的产品说明、服务流程介绍，以及明确的售后服务承诺。同时，企业还需主动设置合理的期望值边界，对于无法实现的功能或承诺，应提前告知客户，避免后续产生误解和失望。例如，在推出新产品时，企业可以通过预告视频、试用体验等方式，提前展示产品的亮点和局限性，帮助客户建立合理的期望。

2. 动态调整，持续优化体验

随着市场环境、技术进步以及个人经历的变迁，客户的期望也在不断地演变。因此，企业必须构建一套灵活的期望管理机制，定期收集客户反馈，分析期望变化的动因和趋势，并及时调整产品或服务策略，以迎合客户新的期望。这要求企业具备高度的市场敏感性和创新能力，能够迅速应对市场变化，不断优化客户体验。例如，企业可以通过定期的满意度调查来识别服务上的不足，并据此改进流程，提升客户满意度。

3. 超越期望，创造惊喜体验

要想创造卓越的客户体验，不仅在于满足客户的期望，更在于超越期望，创造令人难忘的惊喜体验。这要求企业在日常运营中，不仅要关注基本需求的满足，更要注重细节，寻找那些能够触动客户内心的“惊喜点”。这些惊喜可以是出人意料的优惠、个性化的服务细节，或是超出预期的解决方案。例如，某航空公司为了庆祝某客户的生日，特意在航班上为其准备了生日蛋糕和祝福卡片，这一小小的举动不仅让该客户感受到了温馨，更极大地提升了其对品牌的忠诚度。

精准把握客户需求与期望，是打造极致客户体验的关键。企业需从多个维度探索客户需求，通过清晰沟通、动态调整和超越期望的策略，有效管理客户期望，确保每一次与客户的互动都能带来积极、深刻的影响，以赢得客户的长期信赖与忠诚。

第2章

深入洞察：理解客户的真实需求

在追求极致客户体验的道路上，深刻理解并精确掌握客户的真实需求是至关重要的一步。客户的满意度和忠诚度并非偶然产生，它们源自企业对客户需求的精准而深入的理解，以及基于此的个性化服务和解决方案。然而，在浩瀚的信息海洋中，如何有效地捕捉并解析客户的真实心声，成为众多企业面临的挑战。本章将深入探讨客户需求的多样性和复杂性，介绍一系列科学的工具和方法，指导企业从多维度、多层次出发，收集、分析并解读客户反馈，助力企业构建一套系统化的客户需求洞察体系。

2.1 需求深度剖析：层次与分类

从基础的物质需求到深层次的情感与自我价值实现，客户需求的变化不仅反映了人类社会的多元发展，也为企业制定市场策略、实现差异化竞争提供了丰富的维度。本节旨在深入探讨客户需求的层次，并据此提出有效的客户细分策略，帮助企业通过理解并满足不同层次的客户需求，深化与客户情感的链接，同时在日益同质化的市场中开辟出独特的价值空间，实现可持续发展。

2.1.1 客户需求的多层次剖析

在市场营销中，理解客户需求是推动企业经营与发展的核心动力。客户需求蕴含着多层次的内涵与复杂的心理动机，企业可以借助马斯洛需求层次理论来分析客户需求。该理论将人类需求从低到高分为五个层次：生理需求、安全需求、社交需求、尊重需求和自我实现需求。

客户的需求同样具有层次性，并随着社会发展和生活水平的提高，从基本功能需求向更高层次的社交、情感及自我实现需求演变。

1. 基础功能需求

基础功能需求构成了客户需求的根基。当客户选购产品或服务时，他们首要关注的是产品或服务是否能满足其基本使用功能，如食品是否能提供饱腹感、衣物是否能提供保暖效果、家电是否能正常运行等。

2. 品质与体验需求

一旦基础功能需求得到满足，客户便会追求更高层次的品质与体验需求。这包括产品的耐用性、设计的美学、使用的便捷性等，这与马斯洛需求层次中的社交需求相呼应。人们期望通过使用高品质的产品或服务来提升个人形象和社会地位。

3. 情感与归属感需求

在这一层次，客户需求从物质层面升华至情感层面，寻求情感的链接和归属感。品牌故事、社区文化、个性化定制等元素成为吸引客户的核心，它们能够触动客户的情感，使其感受到归属和认同。

4. 尊重与认可需求

在满足了基本的情感需求之后，客户会进一步寻求社会和他人的尊重与认同。这种需求反映在对高端品牌和独特身份象征物的偏好上，以及通过消费行为来展示个人的品位和社会地位。

5. 自我实现需求

这是客户需求的最高层次，客户通过产品或服务来实现自我价值，满足个人成长、创新或贡献社会的愿望。例如，环保产品满足了客户对可持续发展的追求，教育类产品则助力客户自我提升。

需要注意的是，客户需求的层次并非一成不变，而是随着个人成长、社会环境的变化以及技术的进步而不断演变。企业应持续关注市场动态，灵活调整产品和服务，以适应客户需求的升级。

2.1.2 基于需求层次的客户细分策略

客户需求的层次性不仅体现在客户对产品或服务的基本功能需求上，更蕴含在他们对品质、体验、情感链接乃至社会认同等多维度的追求之中。因此，企业需采取科学而有效的客户细分策略，精准地识别并定位那些具有相似需求特征的目标客户群体，以应对多样化的客户需求。

1. 客户细分的基础框架

客户细分依据客户特征、行为、偏好及价值等，将市场分为若干需求相似的客户群体。基于需求层次的客户细分，可以进一步细化为以下几个维度。

一是功能性细分。根据客户对产品或服务的基本功能需求，将其划分为追求性价比的经济型消费者、注重高端品质的高端消费者等。

二是体验性细分。基于客户对服务体验、品牌形象、个性化需求的敏感度，将其划分为追求极致体验的体验型消费者、注重品牌忠诚度的粉丝型消费者等。

三是情感性细分。依据客户对情感链接、归属感的需求，识别出寻求情感共鸣的情感型消费者、重视社交互动的社交型消费者等。

四是价值导向细分。根据客户对尊重与认可、自我实现价值的追求，将其划分为注重体现自身成就和品位的成就导向型消费者、注重个人成长和自我提升的学习型消费者等。

2. 实施客户细分的策略建议

一是采用数据驱动分析。通过运用大数据分析和人工智能等先进技术，收集并解析客户行为数据，识别出不同细分市场的独特特征，为精准营销提供坚实的数据支撑。

二是提供定制化产品和服务。根据细分市场的具体客户需求，开发具有针对性的产品和服务，如提供个性化推荐、定制化设计、专属服务等，以增强客户体验并提高客户满意度。

三是实施差异化营销策略。针对不同细分市场的客户，制定具有差异化的营销策略，涵盖价格策略、促销手段、沟通渠道等，确保信息能够精准传达，有效激发客户的购买意愿。

四是建立客户反馈机制。建立有效的客户反馈机制，定期收集客户意见，评估产品和服务的满足度，及时调整市场策略，确保与客户需求的同步。

五是持续创新与迭代。鉴于客户需求是动态变化的，企业应保持敏锐的市场洞察力，不断研发新产品、新服务，满足客户不断升级的需求，维持企业的竞争优势。

综上所述，客户需求的层次划分与细分策略是企业市场营销的核心所在。这不仅要求企业深入了解客户需求，还要求具备灵活应对变化的能力，以客户需求为导向不断调整市场策略，推动企业持续创新与成长。

通过实施基于需求层次的客户细分策略，企业能够更高效地分配资源，避免“一刀切”的营销方式导致的资源浪费，转而专注于满足特定客户群体的个性化需求。这样，企业便能在激烈的市场竞争中脱颖而出，实现市场份额的稳步增长与品牌价值的持续提升。

2.2 调研工具箱：解锁需求密码

客户需求常常潜藏于复杂多变的市场动态和个人偏好之下，准确捕捉并解读这些需求是企业所面临的重大挑战之一。本节将展示一系列实用的调研工具，帮助企业解锁客户需求的密码，从而制定更加精准、有效的市场策略。

2.2.1 多维度调研工具助力企业洞悉客户心声

为了深入挖掘客户的真实需求、偏好与期望，企业需要借助多维度、全方位的调研工具。通过多维度调研，企业不仅能够更好地理解客户的现状与需求，还能预测未来的市场趋势，从而制定出更精准、有效的市场策略，赢得市场竞争优势。

1. 问卷调查：量化需求的基石

问卷调查是获取客户反馈的常用方法。精心设计的问卷有助于企业系统地收集关于产品、服务、价格、促销等多方面的反馈信息，量化客户的满意度、需求偏好及改进建议，从而为制定市场策略提供坚实的数据支持。

为了提升问卷的有效性，企业应遵循几点原则：一是明确目标，在设计问卷前清晰调研目的及待解决的问题；二是简洁明了，问卷所列问题要清晰、简洁，避免引导性和模糊性表述；三是多样化题型，结合选择题、量表题、开放题等多种形式，以收集更全面的信息；四是合理抽样，确保样本能覆盖不同年龄、不同性别、不同职业的群体。

2. 深度访谈：挖掘潜在需求的利器

深度访谈通过“一对一”的交流方式，深入洞察客户的内心想法和潜在需求。通过深度访谈，企业能够揭示客户的隐性需求和痛点，为产品和服务的创新提供灵感。

在进行深度访谈时，企业需要重点关注这四个方面：一是选择访谈对象时，应挑选具有代表性的客户，包括忠实用户、潜在用户及流失用户等；二是营造舒适环境，确保访谈环境安静、私密，让受访者感到放松和自在；三是灵活引导话题，通过开放式问题鼓励受访者自由表达，同时根据其回答灵活调整访谈的方向；四是细致记录与分析，详细记录访谈内容，并运用内容分析法提炼关键信息和趋势。

3. 焦点小组：点燃群体智慧的火花

焦点小组是一种集体讨论的方法，通过召集一组客户围绕特定主题进行交流和讨论，以收集群体性的意见和建议。焦点小组的优势在于能够激发群体智慧，发现不同观点之间的碰撞和融合；同时，它有助于企业了解客户对新产品、新服务的接受程度和改进建议，为市场决策提供重要参考。

在进行焦点小组讨论时，企业应关注四个要点：一是精选小组成员，确保小组成员具有多样性，避免因同质化而产生片面的观点；二是设定讨论规则，明确讨论的目的、时间、流程和规则，确保讨论有序进行；三是引导讨论方向，由经验丰富的主持人引导讨论，确保话题保持聚焦，同时鼓励自由发言；四是及时记录反馈，详细记录讨论过程中的主要观点、建议和争议，为后续分析提供依据。

4. 数据分析：洞察客户行为的钥匙

通过深入挖掘和分析客户行为数据，揭示客户需求的潜在规律和趋势。这有助于企业精确地定位目标客户群体，并优化产品和服务。在数字化时代，企业能够通过社交媒体、电商平台、客户管理系统等多种渠道收集客户行为数据。随后，利用数据分析技术，企业能够挖掘数据中隐藏的模式与关联性。

数据分析的核心要素包括：一是数据清洗，剔除无效和多余信息，保证数据准确性；二是数据挖掘，运用各种算法和模型，发现数据中的隐藏模式和关联；三是可视化呈现，使用图表等可视化工具直观地展示分析结果；四是行动指导，根据分析结果制定具体的市场策略和优化措施。

2.2.2 创新实践：提升调研效果的实战技巧

掌握多种调研工具后，企业仍需借助创新实践进一步增强调研效果，深入探索客户需求，从而提高市场策略的精确性和有效性。

1. 绘制客户旅程地图：描绘需求全貌

客户旅程地图是一种视觉化工具，它描绘了客户在使用产品或服务过程中的行为和情感变化，使企业能够全面理解客户需求和痛点。通过绘制客户旅程地图，企业能够从宏观角度审视客户需求，优化业务流程，进而提高客户满意度。

绘制客户旅程地图的关键步骤包括：一是确定关键阶段，识别客户旅程中的关键节点，如了解、购买、使用、售后等环节；二是收集客户反馈，通过调研手段了解客户在每个阶段的具体体验和感受；三是分析需求痛点，识别客户在使用过程中遇到的问题和不满之处；四是提出优化建议，针对需求痛点提出改进建议，提升客户体验。

2. 开展敏捷调研：快速响应市场变化

在快速变化的市场环境中，企业必须具备敏捷的调研能力，以快速捕捉客户需求的变化和趋势。敏捷调研强调快速设计、多渠道收集、实时分析和快速迭代，帮助企业及时捕捉市场机遇，灵活应对竞争与挑战。

开展敏捷调研的关键包括：一是快速设计，简化调研设计流程，快速制订调研方案和问卷；二是多渠道收集，运用线上与线下多种渠道收集客户反馈和数据；三是实时分析，借助大数据分析技术，对数据进行即时处理与解析；四是快速迭代，根据调研结果快速调整市场策略，持续优化产品和服务。

3. 情感分析：洞察客户情感需求

情感分析借助自然语言处理技术，深入挖掘客户在社交媒体、评论等文本中表达的情感倾向。这项分析有助于企业洞悉客户对产品、服务的满意度和忠诚度，以及潜在的情感需求。通过情感分析，企业能够更深刻地理解客户的情感状态和期望，进而制定更加贴心和个性化的市场策略。

进行情感分析的关键步骤包括：一是收集文本数据，从社交媒体、电商平台等渠道收集客户评论和反馈；二是进行情感识别，使用情感分析算法，区分文本中的积极、消极及中性情感；三是情感归因，分析情感产生的原因和影响因素，如产品质量、服务态度等；四是情感优化，针对情感分析结果，制定改进措施，提升客户满意度并强化情感链接。

通过运用这些调研工具和创新实践技巧，企业能够更精准地捕捉和解读客户需求，为市场策略的制定提供有力支持。调研是一个持续的过程，企业需要建立常态化的调研机制，不断收集和分析客户数据，以应对市场变化和客户需求升级带来的挑战。

2.3 精准画像：锁定目标客户群

在现代商业环境中，企业能否准确捕捉到那些最有可能转化为忠实客户的群体，成为决定营销成败的关键之一。传统的营销手段往往依赖于广泛的广告覆盖和模糊的消费者画像，然而这种方式不仅效率低下，而且难以真正触及消费者的内心需求。随着大数据技术的飞速发展和数据分析能力的日益提升，精准画像应运而生，它能够快速帮助企业锁定目标客户群。

通过深入挖掘消费者的行为数据、偏好信息以及社交动态，精准画像能够为企业描绘出一幅幅生动、具体的消费者形象，使营销策略更具针对性，直接触及消费者的关键需求与兴趣点。

2.3.1 深度洞察：精准画像的奥秘

在大数据和人工智能蓬勃发展的当下，市场营销的核心已经从传统的"一刀切"策略转变为更加精细化的"一对一"互动。精准画像，作为现代营销的关键手段，有助于企业深刻洞察目标客户，制定更有效的营销策略。然而，精准画像并非简单的数据堆砌，而是需要科学的方法和深度的洞察。

1. 数据采集：精准画像的基础

数据采集是构建精准画像的首要步骤。企业需要从多个渠道收集客户信息，包括社交媒体记录、在线行为、购买记录、客户服务记录等。这些数据构成了一个庞大的数据库，为后续的画像分析提供了丰富的素材。

在进行数据采集时，必须重视隐私保护问题。企业必须在合法合规的前提下进行数据采集，确保客户的信息安全。同时，数据的精确性和完整性同样关键，只有高质量的数据才能为画像提供可靠的依据。

2. 数据清洗与整合：画像质量的要点

在数据采集过程中，初始数据往往包含冗余、错误以及不一致等问题，因此，数据清洗与整合对于提高画像精确度至关重要。企业必须借助算法和技术手段，去除重复数据、纠正错误数据，并将不同来源的数据进行整合，形成统一且完整的客户视图。

数据清洗与整合不仅提升了画像的准确性，还为后续的深度分析提供了便利。通过整合后的数据，企业可以更加全面地了解客户的消费习惯、兴趣爱好、社交行为等多维度信息，为画像的深入刻画打下坚实基础。

3. 算法模型：画像构建的核心

在数据清洗与整合的基础上，企业需要通过算法模型来构建精准画像。常用的算法模型包括聚类分析、关联分析、决策树等。这些模型能够基于客户数据进行分类，并揭示各类群体的特征及差异。

例如，通过聚类分析，企业能够将客户分为高价值客户、潜力客户及流失客户等不同群体，并针对各类群体制定相应的营销策略，实现精准营销的目标。同时，算法模型还可以根据客户的实时行为数据，动态调整画像，确保画像的时效性和准确性。

2.3.2 锁定目标：精准画像在营销中的应用

构建精准画像不仅是技术上的挑战，更是战略层面的决策。只有将精准画像融入实际营销活动，才能真正释放其潜在价值。

1. 目标客户群的精准定位：画像应用的初步阶段

借助精准画像，企业能够清晰掌握不同客户群体的特征和需求。基于这些信息，企业能够依据自身产品和服务的特性，精准定位目标客户群。

以一家专注于高端护肤品的电商企业为例。通过精准画像，该企业可以识别出其主要目标客户群为25岁至45岁、注重肌肤保养、具备一定消费能力的都市女性。针对这一特定客户群，企业可以设计更为精准的营销策略，如推出个性化护肤方案、组织线下护肤讲座等，以此提高客户的购买意向和品牌忠诚度。

2. 营销策略的精准制定：深度挖掘精准画像

精准画像不仅有助于企业精确识别目标客户群体，而且能够为营销策略的制定提供深刻的洞察力。通过分析画像中的多维度数据，企业能够掌握客户的消费模式、兴趣偏好、社交活动等关键信息，进而设计出更加精准的营销方案。

以一家在线教育公司为例，通过精准画像，企业能够识别出目标客户中偏好视频课程学习的学生群体和偏好阅读教材的学生群体。基于这些差异化的洞察，企业能够提供多元化的课程选项，以迎合客户的个性化学习需求。此外，企业还能利用画像中关于社交行为的数据，挖掘潜在的合作机会，如与社交媒体平台合作，共同推广课程内容。

3. 营销效果评估：精准画像的持续反馈

精准画像在营销领域的运用远不止于目标客户群的定位和营销策略的规划，它同样能够为营销成效的评估提供连续的反馈信息。利用画像中的动态行为数据，企业能够追踪客户的购买行为、收集反馈意见等，以便对营销策略的成效进行评估。

以一家电商企业为例，通过精准画像，企业能够追踪客户在促销活动期间的购买行为。若观察到特定客户群体的购买意向不强，企业可以迅速调整营销策略，如提高优惠券的派发量、延长促销活动的持续时间等，以刺激客户的购买意向。此外，企业还可以通过画像中的反馈意见数据，掌握客户对产品和服务的满意程度以及改进建议，为产品和服务的持续改进提供依据。

精准画像已成为现代营销的核心策略之一，它助力企业深入洞察目标客户群体，从而制订出高效的营销计划。然而，构建和应用精准画像的过程充满挑战，企业必须在数据采集、数据清洗与整合，以及算法模型的开发上投入大量资源和努力。此外，企业还必须对隐私保护、数据的准确性和完整性保持警觉，以确保画像的合法性与可靠性。

综上所述，精准画像使企业能够更深入地理解客户，实现精准营销和个性化服务，这有助于提升客户满意度和忠诚度。同时，它还能提高营销效率，降低营销成本，促进企业的可持续发展。因此，企业应积极采纳精准画像技术，持续增强自身的营销和竞争力。

2.4 情感共鸣：关注客户情感与期望

在信息泛滥、产品同质化现象严重的现代市场环境中，企业间的竞争已超越了产品或服务功能性的简单比较，转变为情感与体验的深度竞争。在选择品牌时，客户往往不仅仅考虑产品或服务的实用特性，更多的是被品牌传递的情感价值打动。

情感共鸣构成了企业加强与客户联系、提升品牌忠诚度的核心纽带。本节将从情感共鸣的构建基础和实践策略两个维度，深入分析如何在满足功能需求之上，关注并实现客户的情感需求与期望，共同开拓情感营销的新领域。

2.4.1 情感共鸣的构建基础：深入洞察客户的内心世界

情感共鸣的构建始于对客户内心世界的深入洞察。在这个信息泛滥的时代，客户不再满足于产品或服务的功能性，他们渴望被理解、被尊重、被感动。企业若能深入挖掘客户的情感需求，并与之建立深层次的情感链接，便能在激烈的市场竞争中脱颖而出，赢得客户的忠诚与信赖。

1. 识别情感需求：从“我需要什么”到“我渴望什么”

传统的营销思维往往集中于满足客户的基本功能需求，如产品的性能、价格、便利性等。然而，在情感共鸣的视角下，企业需要更进一步去探索客户内心深处的渴望与梦想。这要求企业不仅要了解客户对产品或服务的功能性期待，更要洞察他们的情感需求，如归属感、认同感、成就感等。通过市场调研、深度访谈、社交媒体分析等手段，企业可以捕捉到客户在日常生活中的情感痛点，从而找到与品牌结合的契机。

2. 建立情感链接：故事的力量

人类天生喜爱故事，一个引人入胜的故事能够跨越语言和文化的障碍，触动心灵深处。企业可以通过叙述品牌故事，将品牌理念、价值观与消费者的情感需求紧密相连。这些故事可以是品牌创始人的奋斗历程，可以是产品背后的创新故事，也可以是品牌如何帮助人们实现梦想的真实案例。故事中的情感元素能够激发消费者的共鸣，使他们在情感上与品牌建立深厚的联系。

3. 创造情感体验：从初次接触到难忘回忆

情感共鸣的构建不仅仅发生在购买决策的那一刻，更贯穿于消费者与品牌接触的每一个瞬间。从初次了解品牌的信息，到使用产品和服务的体验，再到售后服务的互动，每一个细节都是构建情感共鸣的机会。企业应注重打造独特的情感体验，如个性化的服务、温馨的环境设计、超出预期的售后关怀等，让每一次接触都成为消费者心中美好的回忆。

2.4.2 情感共鸣的实践策略：从理念到行动

在理解情感共鸣的构建基础之后，企业面临的挑战是如何将这一理念转化为具体行动。这不仅需要企业在品牌塑造、互动方式、客户体验等方面进行创新，还必须在社会责任上有所作为，以便通过实际行动赢得客户的情感认同。

1. 塑造品牌个性，强化情感识别

品牌个性是构建消费者情感链接的关键。具有鲜明个性的品牌更容易在市场中脱颖而出，并吸引那些与之理念相契合的客户。企业应依据目标客户群的特征，明确品牌的定位与个性，并通过视觉形象、语言风格、传播渠道等多维度来塑造和强化这一形象。以某智能公司为例，其“创新、品质、责任”的品牌个性吸引了追求品质与科技感的消费者，从而形成了强烈的情感认同。

2. 创新互动方式，激发情感参与

互动是连接品牌与消费者的重要纽带。企业应充分利用社交媒体、短视频、直播等新兴平台，创新互动方式，鼓励消费者参与品牌内容的创作与分享，形成用户生成内容（User Generated Content，UGC）。例如，通过举办线上挑战赛、故事征集、社群运营等活动，企业可以激发消费者的情感参与，让他们在参与过程中感受到品牌的温度，进而深化情感共鸣。

3. 倾听客户声音，持续优化体验

情感共鸣的构建是一个持续的过程，需要企业不断倾听客户的声音，理解他们的反馈与期望，并据此优化产品和服务。通过建立有效的客户反馈机制，如在线调查、客户服务中心、社交媒体监测等，企业可以及时发现并解决客户在情感层面的不满与需求，不断提升客户体验。同时，企业还应关注客户在社交媒体上的评论与分享，从中挖掘情感共鸣的亮点与盲点，为后续的营销策略提供数据支持。

4. 社会责任行动，深化情感认同

企业的社会责任行动是展现品牌价值观、增强客户情感认同的关键途径。通过参与公益活动、环保项目、社区服务等，企业不仅能够为社会作出贡献，还能在消费者心中树立起积极、正面的品牌形象。这些行动能够激发消费者的正面情感，增强他们对品牌的信任与忠诚，形成更深层次的情感共鸣。

情感共鸣，作为企业与客户之间最宝贵的纽带，不仅超越了功能需求的层面，更触及了人类共同的情感与期望。在构建与实践情感共鸣的过程中，企业需要不断探索与创新，深入理解客户的内心世界，通过一系列策略与行动，与客户建立起深厚的情感链接。这不仅能增强品牌忠诚度，也能在激烈的市场竞争中赋予企业独特的竞争优势。未来，随着消费者对情感价值的追求日益增强，情感共鸣将成为企业持续成长与创新的重要驱动力，引领企业共同迈向情感营销的新时代。

第3章

策略框架：打造极致客户体验的路径

在当前竞争激烈的市场环境下，企业想要脱颖而出，仅仅依赖于优质的产品和服务已经远远不够。客户体验，这一综合了情感、感知与互动的全方位体验，已经成为决定品牌忠诚度的关键因素。本章将深入探讨“打造极致客户体验的路径”，旨在为企业构建一套系统化的方法论，从设计哲学出发，明确方向，细化步骤，确保每一步都精准对接客户需求，搭建起一座连接企业与客户的桥梁，让打造极致客户体验成为触手可及的现实。

3.1 设计哲学：客户体验的黄金法则

在当今这个以客户为中心的商业环境中，客户体验设计（Customer Experience Design，CXD）已经成为企业竞争的核心之一。它不仅涉及产品的外观和功能，还涵盖了客户与品牌互动的每一个环节，贯穿从初次接触到长期使用的整个过程。本节将深入剖析客户体验设计的基本原则和核心理念，目的是为企业提供提升客户体验的实用指导。

3.1.1 吸引与留存：客户体验设计的五大基本原则

1. 客户中心原则：从需求出发，以客户为核心

设计应当始终围绕客户的需求、偏好和行为模式进行，而不是单纯依赖设计师的主观判断或企业的商业目标。为了实现以客户为中心的设计，企业必须进行深入的客户研究，包括构建客户画像、进行需求分析和模拟使用场景等。通过这些方法，设计师能够深刻理解客户在日常生活中的痛点、期望以及潜在需求，从而设计出真正满足客户需求的产品和服务。

例如，某公司通过深入的客户研究，发现客户对个性化推荐的需求极高，因此投入大量资源优化其推荐算法，成功实现了精确推送，显著提高了客户满意度和留存率。

2. 简洁性原则：少即是多，简洁胜于复杂

在快节奏的现代生活中，客户更倾向于追求简洁的产品与服务。简洁性设计不仅体现在视觉层面的简洁，更在于操作流程的简化。设计师应致力于剔除冗余的信息和功能，确保客户能够迅速定位所需内容，降低操作难度和学习成本。

以华为公司为例，其产品设计始终遵循简洁性原则，无论是鸿蒙系统的设计，还是华为电脑的硬件配置，都追求简洁和科技的完美结合，赢得了广

大客户的一致好评。

3. 一致性原则：统一体验，增强品牌认知

一致性原则强调在不同平台、设备以及时间点上，客户体验应保持一致。这不仅有助于提高品牌的识别度，还能增强客户的信任感。为了达成一致性的设计，企业必须在视觉风格、交互方式、信息结构等方面确立统一的设计准则。这些准则应贯穿产品开发的整个流程，从原型设计到最终发布，确保客户体验的连贯性。

以百度为例，它在手机端和电脑端提供了统一的设计语言。无论是字体、色彩、图标还是动画效果，都保持了高度的一致性，从而提升了客户对品牌识别的清晰度。

4. 反馈性原则：即时反馈，提高操作效率

反馈性原则着重于在客户体验过程中提供及时且明确的反馈。这有助于客户明确操作结果，减少错误操作，从而提高操作效率。反馈可以采取视觉、听觉和触觉等多种形式。设计师应当根据客户的具体操作场景和操作类型，选择恰当的反馈方式，确保客户能够准确地感知到操作的结果。

例如，在支付过程中，支付成功或失败的提示信息应采用醒目的视觉反馈，并配合清晰的听觉提示，以确保客户能够迅速了解支付结果。

5. 可访问性原则：包容性设计，满足多元需求

设计应遵循可访问性原则，确保包括老年人、残疾人等在内的各类客户需求得到满足。这反映了设计的公平性和包容性。为了实现可访问性设计，设计师需关注色彩对比度、字体大小、交互方式等多个维度，确保客户能够轻松理解和操作产品。同时，企业还应提供辅助工具和服务，如屏幕阅读器、高对比度模式等，以满足特定客户群体的需求。

以WPS为例，其产品中集成了多种辅助功能，如语音输入、放大镜、排版等，以支持不同能力水平的客户顺利使用其产品。

3.1.2 情感与价值：客户体验设计的三大核心理念

1. 情感链接：构建品牌与客户之间的情感桥梁

情感链接是客户体验设计的核心理念之一。它着重于通过设计构建品牌

与客户之间的情感桥梁，提升客户的忠诚度和归属感。为了实现情感链接，设计师必须深入洞察客户的情感需求，包括安全感、归属感、成就感等。通过设计满足这些情感需求的产品和服务，激发客户的正面情感反应，从而在品牌与客户之间建立情感链接。

例如，361°的品牌理念是“多一度热爱”，这一理念贯穿于品牌的发展和产品设计中，激励客户勇敢追求梦想和挑战自我，唤起了客户的成就感与归属感，进一步加强了客户对品牌的忠诚度。

2. 价值共创：让客户参与设计过程

价值共创理念强调客户在设计流程中的积极参与及其贡献的重要性。通过让客户参与产品设计、测试和改进等环节，企业能够更精准地把握客户需求，从而提升产品的客户体验和市场竞争力。为了实现价值共创，企业可以构建客户社区、开展客户调研和反馈收集等互动活动。同时，企业还应提供设计工具与资源，以激发客户自主进行产品设计与优化。

例如，小米通过其MIUI社区让客户参与系统的设计和改进过程，不仅提升了系统的客户体验，还加深了客户对小米品牌的认同感和归属感。

3. 持续创新：不懈追求卓越的客户体验

持续创新构成了客户体验设计的核心驱动力。企业通过不断探索和应用新技术、新方法和新设计，能够为客户提供更加卓越的产品和服务，以满足客户日益变化的需求和期望。为了实现持续创新，企业必须构建一种创新文化，并设立激励机制，以鼓励设计师和团队成员不断探索新的设计理念和方法。同时，企业还应密切关注行业动态和技术趋势，以便及时将新技术融入产品设计。

以华为公司为例，通过持续的创新，它不断推出具有革命性设计的产品，如智能手机、平板电脑等。这些产品不仅满足了客户的需求与期望，也推动了整个行业的发展。

客户体验设计的基本原则和核心理念为提升企业客户体验提供了关键的指导。遵循这些原则，企业能够设计出既符合客户需求、易于使用，又具有品牌特色的优质产品和服务。同时，通过实践这些核心理念，企业能够与客户建立情感链接，增强客户的忠诚度和归属感，从而在市场中获得竞争优势。

3.2 全方位体验管理模型：体验管理的艺术

在当今这个快速变化的商业世界里，企业已不再单纯依赖产品和服务的独特性来占据市场优势。相反，它们必须通过全面的体验管理来构建独特且令人难忘的品牌形象。全方位体验管理模型（Holistic Experience Management Model，HEMM）正是顺应这一趋势而生，它以前瞻性的视角和全面的管理策略，为企业提供了一个创新的框架，旨在改善和提升客户体验。

该模型不仅要求企业深入洞察客户需求与期望，还强调通过技术革新、组织重构和跨部门合作，为客户提供一个无缝衔接、个性化且充满惊喜的体验环境。

3.2.1 全方位体验管理模型的兴起与魅力

在这个消费选择多元化的时代，企业要想在激烈的市场竞争中脱颖而出，赢得客户的忠诚与信赖，仅依靠优质的产品和服务已不再足够。客户体验成为新的竞技场，而全方位体验管理模型正是助力企业在这场“战斗”中取胜的关键工具。它以独特的视角和全面的管理策略，为企业开辟了优化客户体验的新途径。

1. 从单一维度到全面覆盖

传统的管理模型常常专注于产品或服务的某一特定环节，如质量管理或客户服务。相比之下，HEMM打破了这种局限性，它从客户与品牌接触的每一个环节出发，全面审视并优化整体体验流程。这不仅涵盖了产品设计、市场营销、交易过程、售后服务，还包括品牌形象的塑造。通过这种全方位的覆盖，HEMM确保客户在每个接触点都能享受到一致且高质量的体验。

2. 数据驱动与个性化定制

得益于大数据和人工智能技术的支持，HEMM强调基于数据的决策制定。通过对客户行为、偏好、反馈等数据的深入分析，HEMM实现了体验的个性化定制。通过提供精准服务，不仅提升了消费者的满意度，也加强了品牌与消费者之间的情感纽带，进而促进了长期客户忠诚度的建立。

3. 跨部门协同与生态系统构建

实施HEMM要求企业内部各部门消除壁垒，加强协作。从产品设计到市场营销，再到客户服务，每个部门都需围绕共同目标——提升客户体验——进行资源整合和流程优化。同时，HEMM也鼓励企业与外部合作伙伴（如供应商、渠道商）以及整个行业生态系统携手合作，共同提升客户的整体体验水平。

3.2.2 全方位体验管理模型的核心要素与实践路径

全方位体验管理模型并非空中楼阁，其落地实施需要企业深入理解其核心要素，并探索适合自身特点的实践路径。接下来，将从四个关键维度进行深入剖析。

1. 客户洞察：精准理解需求与期望

客户洞察的关键在于：运用社交媒体监听、在线调研、客户访谈等多种方式，全面收集客户的显性需求和隐性期望；借助自然语言处理技术，分析客户评论、反馈中的情感倾向，洞察其对品牌体验的正面或负面感受；利用数据分析细分客户，构建详尽的客户画像，为设计个性化体验奠定基础。

2. 体验设计：打造无缝衔接的体验旅程

体验设计的关键在于：识别客户与品牌互动的所有触点，包括线上平台、线下门店、客服热线等，针对每个触点设计优化方案，确保体验的一致性和连贯性；基于客户画像和日常生活场景，设计符合其需求和使用习惯的体验场景，如智能家居体验馆、虚拟试衣间等；建立快速响应机制，及时收集客户对体验设计的反馈，不断迭代优化。

3. 技术赋能：利用数字工具提高体验效率

技术赋能的关键在于：运用人工智能算法分析客户行为模式，预测需求趋势，为个性化推荐、智能客服等提供技术支持；借助云计算实现数据的高效处理与存储，利用物联网技术实现产品间的互联互通，提高服务的智能化水平；在数据隐私保护、供应链透明度等方面应用区块链技术，增强客户对品牌的信任。

4. 文化塑造：构建以体验为中心的企业生态

文化塑造的核心在于：建立体验管理团队，负责跨部门的协调工作，确保体验战略得以贯彻实施；培育员工的体验意识和服务能力，通过培训、激励等手段，使每位员工都成为品牌体验的传播者；将“以客户为中心”的理念深植于企业文化之中，鼓励创新思维，营造一个开放、包容的工作环境。

比如，海底捞始终坚守“服务优先、顾客优先”的核心理念，以创新为驱动力，颠覆传统标准化、单一化的服务模式，推崇个性化的特色服务。公司以真诚服务为宗旨，致力于为顾客打造“贴心、温心、舒心”的用餐体验。在管理层面，海底捞倡导“双手改变命运”的价值观，为员工营造一个公平、公正的工作环境，并实行人性化和亲情化的管理模式，以提升员工的价值感。在产品研发领域，海底捞持续创新，结合市场需求与顾客反馈，研发出多样化的菜品和独特的火锅底料，以迎合各种口味偏好。在技术创新方面，海底捞引入智能化管理系统，优化点餐、排队、服务流程，从而提高运营效率和顾客满意度。通过线上线下服务的融合，海底捞拓展了外卖和线上预订服务，进一步扩大了市场覆盖范围，增强了品牌的影响力。

综上所述，构建一个全方位的体验管理模型是企业在新时代提升竞争力的核心。这一模型要求企业以客户需求为导向，利用数据驱动，通过技术革新和组织变革，打造一个全方位、个性化的体验生态系统，从而为企业带来持久的竞争力和显著的市场收益。展望未来，随着技术的持续发展和客户需求的不断演变，全方位体验管理模型也将持续演进，为企业开辟更多发展路径。

3.3 全链条优化：从设计到交付

在当前竞争激烈的市场环境下，企业若想脱颖而出，必须实现从产品设计到服务交付的全链条优化。这不仅要求企业在产品创新上保持领先，还需要在生产制造、供应链管理以及客户服务等方面实现精细化管控。本节将深入探讨这一全链条优化的策略，从产品设计阶段的创新与优化，到生产制造的智能化与效率提升，再到供应链协同与客户体验的优化，为企业提供一套系统性的解决方案。

3.3.1 匠心独运：产品设计阶段的创新与优化

1. 客户洞察：精准捕捉需求，激发设计灵感

在产品设计的起始阶段，深入的客户洞察是不可或缺的基石。这要求企业超越表面数据，通过多维度调研（如问卷调查、深度访谈、用户行为分析等）来真正理解客户的痛点、期望与潜在需求。以智能家居产品为例，在设计初期，不仅要考虑技术的先进性，更要关注客户的生活习惯、家庭结构等细节，确保产品能够无缝融入用户的日常生活，从而提升生活品质。

具体的策略建议包括：首先，建立客户画像，基于大数据分析，构建详细的客户画像，涵盖年龄、性别、职业、兴趣偏好等，为设计提供精准导向；其次，情感化设计，将情感因素融入设计之中，通过色彩、材质、形态等元素触动客户的情感共鸣，从而增强产品的吸引力；最后，敏捷迭代，采用敏捷开发模式，快速验证设计假设，并根据客户反馈不断迭代优化，确保产品始终与市场需求保持同步。

2. 技术融合：创新驱动，打造差异化优势

在数字化时代，技术的快速迭代为产品设计带来了无限的创新机遇。企

业必须紧跟技术发展的最前沿，将人工智能、物联网、大数据、云计算等前沿技术深度融入产品设计之中，以创造出具有革命性的产品体验。例如，结合基于人工智能技术的语音助手，不仅能够理解复杂的指令，还能通过学习客户的使用习惯，提供更加定制化的服务。

具体的策略建议包括：首先，进行技术预研与选型，定期评估新兴技术的可行性和适用性，选择最符合当前产品发展路径的技术组合；其次，开展跨界合作，与高等院校、研究机构以及产业链上下游企业建立战略合作伙伴关系，共享资源，以促进技术创新和快速应用；最后，培养持续学习的企业文化，激励团队保持对新知识的渴望，定期参与技术培训和研讨会，持续提升团队的技术能力。

3. 可持续发展：绿色设计，引领未来趋势

随着环保意识的提升，绿色设计逐渐变成产品设计的主流。企业应在设计阶段就考虑产品的全生命周期，从材料选择、生产过程到废弃处理，力求减少环境影响。例如，采用可回收材料、优化能源效率、设计易于拆卸维修的产品结构，都是绿色设计的具体体现。

具体的策略建议包括：首先，采用环保材料，优先选择可再生、无毒且能耗低的材料，以减轻对环境的负担；其次，实施循环设计，设计时考虑产品的再利用、升级或回收，延长产品生命周期；最后，进行碳足迹评估，对产品进行全生命周期的碳足迹评估，识别减排机会，设定具体目标。

3.3.2 无缝衔接：从生产到服务交付的精细化管控

1. 智能制造：提高效率，保障质量

智能制造是实现产品快速响应市场、提高生产效率与质量的关键。通过引入自动化生产线、智能物流系统、物联网监测等技术，企业可以实时监控生产状态，灵活调整计划以减少浪费，并保障产品质量的持续稳定。

具体的策略建议包括：首先，建设数字化车间，利用物联网、大数据分析等技术手段，实现生产流程的透明化和智能化监控；其次，推行精益生产方式，依据精益理念不断优化生产步骤，剔除无效环节，提高整体效能；最后，构建质量控制体系，建立严格的质量控制标准和追溯体系，确保每一件

产品都符合高标准要求。

2. 供应链协同：优化资源配置，增强韧性

在全球化的大背景下，企业应当构建数字化的供应链平台，实现信息共享、风险预警与快速响应。同时，加强与供应商的关系管理，形成一个紧密的合作伙伴网络，共同应对市场的不确定性。

具体的策略建议包括：首先，构建数字化供应链平台，利用云计算、区块链等前沿技术，搭建一个透明且高效的供应链协同平台；其次，实施多元化供应商策略，构建一个广泛的供应商网络，以减少对单一供应商的依赖，从而提升供应链的灵活性；最后，开展智能预测与库存管理，运用人工智能算法来预测市场需求，优化库存水平，以减少库存积压和缺货成本。

3. 客户体验优化：服务创新，增强品牌忠诚度

每一个从产品交付到售后服务的环节，都是塑造客户体验的关键时刻。企业应构建以客户为中心的服务体系，利用数字化工具（如客户关系管理系统、人工智能客服）来提高服务效率，并且重视提供个性化服务。根据客户的独特需求，提供定制化的解决方案，从而提升品牌忠诚度。

具体的策略建议包括：首先，实施全渠道服务整合，将线上与线下服务渠道融合，确保服务体验的一致性和便捷性；其次，利用人工智能技术赋能客户服务，如智能客服机器人，以实现全天候即时响应，从而提高客户服务效率；最后，建立客户反馈机制，定期收集并分析客户意见，作为产品改进和服务优化的依据。

从产品设计到服务交付的全链条优化，是一个涉及技术创新、流程优化、客户体验提升等多个维度的系统工程。企业需要不断探索和实践，以客户为中心，以技术为驱动，以可持续发展为目标，构建高效、灵活、可持续的产品与服务体系。在这个过程中，保持组织的敏捷性和创新精神，是应对市场变化、赢得竞争优势的关键。

3.4 全渠道对接：让服务无处不在

在科技迅猛发展的当下，客户的购物习惯和消费行为正经历着前所未有的变革。从传统的实体店购物，到电商平台的兴起，再到社交媒体的购物引导，客户的购买路径已经变得多元化且复杂。在此背景下，企业如何满足客户的新需求，提供全面的服务体验，成为当前亟须解决的挑战。

全渠道对接，正是应对这一挑战的有效策略。它不仅仅是简单的多渠道并存，更是通过数据共享、流程优化和技术创新，实现各个渠道之间的信息同步和服务协同，给客户带来统一、顺畅及量身定制的购物体验。面对这一趋势，企业必须在服务渠道上进行全面升级，实现全渠道对接，以满足客户日益多样化的需求。

3.4.1 全渠道对接：打破传统壁垒，重塑服务体验

作为一种创新的商业模式和服务理念，全渠道对接正逐渐成为企业提升竞争力、增强客户忠诚度的关键策略。全渠道对接，顾名思义，涉及企业通过融合线上线下的多种渠道，实现信息、服务、体验的无缝对接，确保客户在任何时间、任何地点都能享受到连贯且高质量的服务体验。

1. 传统壁垒的破解

传统服务模式往往受限于物理空间和时间，如实体店面的营业时间限制、线上平台的独立运营等，这些壁垒不仅限制了客户的选择，也阻碍了企业服务范围的拓展。全渠道对接借助云计算、大数据、人工智能等技术手段，打破了原有的局限。例如，通过移动应用、社交媒体、智能客服等线上渠道，企业能够全天候不间断地提供服务，同时利用大数据分析客户行为，提供定制化服务推送，显著增强了服务的便捷性和个性化水平。

2. 服务体验的重塑

全渠道对接不仅仅是渠道的整合，更关键的是服务体验的全方位提升。它要求企业在设计服务流程时，必须以客户为核心，确保客户无论通过何种渠道与品牌互动，都能享受到一致、连贯且高质量的服务体验。这包括统一的品牌展示、顺畅的购物环节以及迅速的售后反馈等。例如，客户可以在线上浏览并购买商品，然后选择线下门店取货或享受售后服务，这种线上线下的无缝对接，显著提升了客户的购物体验和满意度。

3. 数字化转型的加速

全渠道对接的普及，体现了企业在数字化转型方面的积极步伐。通过建立全渠道平台，企业能够全面收集和分析客户数据，进而改进产品设计、营销策略和服务流程，实现精准营销和定制化服务。此外，全渠道平台的建立也拓展了企业的市场范围，帮助企业跨越地理界限，开拓全球市场。

3.4.2 全渠道对接实践：深度整合，创领未来

如何在实践中实现全渠道对接的理念，确保服务无处不在，是企业当前面临的一大挑战。接下来，将从深度整合、创新服务、未来发展三个维度，深入探讨全渠道对接的实践策略。

1. 深度整合：构建无缝衔接的全渠道体系

深度整合构成了全渠道对接的核心。企业必须从组织架构、技术平台、业务流程等多个维度进行革新，以确保各渠道间的信息流通和资源共享。首先，企业应建立跨部门的协作机制，消除部门间的障碍，构建以客户为中心的服务体系。其次，借助云计算、大数据等先进技术搭建统一的数据平台，实现客户数据、商品数据、交易数据等的集中化管理和分析。最后，改进业务流程，确保线上与线下的服务流程能够无缝衔接，如线上预约与线下体验的结合，或提供线下购买与线上退换货的综合服务。

2. 创新服务：打造差异化竞争优势

在全渠道融合的背景下，创新服务成为企业脱颖而出的关键所在。企业需持续探索新型服务模式和技术手段，以满足客户日益增长的个性化需求。例如，运用增强现实（Augmented Reality，AR）和虚拟现实（Virtual Reality，

VR）技术打造虚拟试穿、家装预览等沉浸式购物体验；通过智能客服机器人提供全天候在线客服，及时响应客户咨询和投诉处理；利用大数据分析客户偏好，提供个性化建议和定制服务。这些创新举措不仅能够提升客户的购物体验，还能为企业塑造独特的竞争优势，增强品牌忠诚度。

3. 未来发展：智能化、个性化、生态化

展望未来，全渠道对接将朝着智能化、个性化及生态化方向发展。在智能化领域，随着人工智能技术的持续进步，企业将能够更精确地预测客户需求，提供更加智能化的服务。例如，通过智能推荐系统，为客户提供量身定制的购物建议和搭配方案。在个性化方面，企业将深入挖掘客户数据，实现服务的深度个性化定制，以满足客户的独特需求。在生态化方面，企业将超越单一服务领域，构建以客户为中心的生态系统，整合上下游资源，提供一站式服务解决方案。例如，电商平台可以整合物流、金融服务、售后服务等资源，为客户提供从购物到售后的全方位服务体验。

当然，全渠道整合的实践并非一帆风顺，企业还需面对诸多挑战，如高昂的技术投入成本、数据安全风险、渠道冲突等。针对这些挑战，企业可采取以下应对策略：首先，提高对技术研发的投入力度，强化自主创新的实力，降低对外部技术的依赖；其次，建立健全数据安全管理体系，加强数据加密和访问控制，确保客户数据的安全；最后，构建公平的渠道收益分配体系，平衡线上线下渠道的利益关系，预防渠道矛盾。

总之，全渠道对接作为未来服务领域的发展趋势，正引领着企业服务模式的深刻变革。通过深度整合、创新服务和持续探索，企业不仅能够实现服务的无处不在，还能在激烈的市场竞争中脱颖而出，赢得客户的信赖和支持。在此过程中，企业应保持敏锐的市场感知，紧跟技术革新步伐，持续完善服务流程并创新服务模式，以迎合客户不断增长的个性化需求，携手促进服务行业的蓬勃发展。

第4章

关注细节：真诚服务中的微妙艺术

在追求极致客户体验的征途中，每一个细节都可能成为成败的关键。本章将深入探讨“真诚服务中的微妙艺术”，揭示那些虽不显眼却能深刻影响客户体验的服务细节。讨论如何通过个性化关怀、情感共鸣以及超越期望的小惊喜，使每一次客户接触都变成一段温馨且难忘的经历。用真诚与细腻的情感紧紧抓住客户的心，让服务超越单纯的交易，成为情感交流与价值共鸣的桥梁。

4.1 第一印象：微笑与热情的魅力

在服务与经营的过程中，微笑与热情的魅力宛如春日里温暖的阳光，瞬间穿透心扉，让客户在踏入门槛的那一刻便感受到了前所未有的欢迎与舒适。客户的每一次光临，都伴随着服务人员发自内心的微笑和无处不在的热情服务，仿佛在向每一位访客传递这样的信息："在这里，您不仅是我们尊敬的客户，更是我们珍视的朋友。"这样的开场，不仅为每一次交流奠定了温馨和谐的基调，也让客户的体验之旅从一开始就充满了期待与惊喜。

4.1.1 微笑的艺术：从心出发，传递温暖

在提升客户体验的进程中，初次印象扮演着至关重要的角色。微笑，作为人类共有的语言，是建立初次接触时信任与好感的最直接方式。然而，微笑不仅是一种面部表情，它更是一种情感的传递，一种从内心深处流露出的温暖与善意。

1. 微笑的力量：情感的共鸣

微笑是一种无声的沟通方式，它能够迅速消除人与人之间的隔阂，激发情感共鸣。当客户踏入企业的服务区域时，一个真诚的微笑能够立即传递出友好与欢迎的信息，让客户感受到被尊重与重视。这种情感上的共鸣，是构建信任的首要步骤，也是后续服务顺利进行的基础。

从心理学角度来看，微笑可以激活大脑的镜像神经元，让人们不自觉地模仿他人的情绪表现。因此，当服务人员向客户展示真诚的微笑时，他们的大脑会"镜像"这一行为，从而产生积极的情绪反应。这种生理机制不仅加深了客户对企业的好感，还为他们营造了更加愉悦的体验环境。

2. 练习微笑：从刻意到自然

微笑虽然看似简单，但真正的微笑源自内心深处，需要通过不断的练习和积累才能实现。为了确保每次微笑都能传递出真诚与温暖，服务人员有必要进行专业的微笑训练。这包括了解不同文化背景下微笑的含义及其接受程度，以及如何通过眼神交流和面部表情的微妙调整，使微笑显得更加自然和亲切。

在训练过程中，服务人员可以利用镜子、摄像头等工具，观察自己的微笑是否自然和真诚。同时，与同事进行角色扮演，模拟真实的客户服务场景，通过实践不断优化微笑的方式。最终，服务人员的微笑将不再是一种刻意的行为，而是一种自然而然的情感流露。

3. 微笑的个性化：融入品牌文化

微笑作为服务的一部分，也应当与品牌文化相融合，塑造独特的品牌特色。不同的品牌拥有不同的定位和价值观，因此，微笑的展现也应根据品牌的个性进行适度调整。例如，高端品牌可能更倾向于微笑的优雅与含蓄，而亲民品牌则可能更注重微笑的亲切与活力。

将微笑与品牌文化相结合，服务人员能够为客户提供更加个性化的服务体验。这种独特的微笑能够加深客户对品牌的记忆，并提升他们对品牌的忠诚度和认同感。

4.1.2 传递热情：点燃客户心中的火焰

微笑仿佛是开启客户心扉的钥匙，而热情则是点燃他们内心激情的火花。热情的服务不仅能够让客户感受到被重视与关怀，还能激发他们对品牌的热爱与信任。

1. 热情的体现：全方位、多层次

热情的服务不仅仅体现在言语的积极与活力上，更是一种全方位、多层次的情感传递。从客户踏入服务区域的那一刻起，服务人员就应该通过肢体语言、语调、语速以及对待问题的态度等多种方式，展现出对客户的热情与关怀。

例如，当客户步入门店时，服务人员可以主动上前迎接，用热情洋溢的语调打招呼；在与客户交流时，服务人员可以保持专注的眼神交流，用肢体语言展现出对客户的尊重与关注；当客户遇到问题时，服务人员可以迅速而准确地提供帮助，用实际行动证明其专业与热情。

2. 热情的持续：培养积极的工作文化

维持长期的热情并非易事，尤其是在面对工作压力或重复性任务时。因此，构建积极的工作文化至关重要，目的是激励员工保持对工作的热忱。这包括提供持续的职业培训与发展机会，助力员工技能提升与服务优化；设立表彰制度，认可杰出员工，激发团队活力与创新；同时，营造开放包容的工作环境，让员工在愉悦轻松的氛围中高效工作。

通过积极的工作文化，可以让员工在工作中找到成就感与归属感，从而更加热爱自己的工作，更加真诚地对待每一位客户。这种由内而外散发出的热情，将成为企业服务中最宝贵的财富。

3. 热情服务的进阶：提供个性化与定制化服务

在提供热情服务的基础上，企业还需要进一步升级服务体验，为客户提供个性化与定制化服务。这需要企业深入了解客户的需求与偏好，借助数据分析、客户调研等方式，挖掘客户的潜在需求与期望。

例如，企业能够依据客户的购买历史和浏览记录，推荐符合其个人品位的产品或服务；在客户的生日或特殊节日，送上温馨的祝福和专属优惠；面对客户的问题，企业则可以依据具体情况，提供量身定制的解决方案。

通过提供个性化和定制化服务，企业不仅满足了客户的实际需求，还让他们感受到被重视和尊重。这种深入骨髓的热情服务，将成为企业提升客户体验、增强品牌忠诚度的关键。

在提升客户体验的征途上，微笑与热情作为塑造第一印象的关键元素，其影响力不容小觑。它们不仅能迅速消除人际的隔阂，建立信任与好感，还能加深客户对品牌的喜爱与信赖，为后续的服务体验奠定坚实的基础。通过专业的微笑培训、积极的工作文化以及个性化与定制化的服务提升，企业可以将微笑与热情内化为一种习惯、一种自然流露的服务态度，从而赢得客户的信赖与忠诚。

4.2 专业素养：提升服务能力和品质

在当前竞争激烈的市场环境中，提升服务能力和品质是企业获得客户信任、维持竞争优势的关键所在，而专业素养则是提升服务能力和品质的核心。本节将深入探讨服务人员如何提升专业素养以及服务能力和品质，以赢得客户的信任和青睐。

4.2.1 专业素养：构建信任的基石

在真诚服务的过程中，专业素养是提升服务能力和品质的基石。它不仅包括对业务知识的熟练掌握，还体现在将这些知识应用于解决实际问题的能力上。一个具备专业素养的服务人员，能够迅速赢得客户的信任，为后续的深入交流与合作打下坚实的基础。

1. 专业知识：服务能力的核心

专业知识构成了专业素养的根基，它决定了服务人员是否能够精准把握客户需求，并提供切实可行的解决方案。在各个领域，专业知识不仅包括了基础理论知识，还囊括了行业内的最新趋势、技术进步和最佳实践案例。以金融行业为例，服务人员必须掌握最新的金融政策和产品知识，以便为客户提供最适宜的投资建议；而在医疗领域，医护人员需要不断更新医学知识，以确保诊疗过程的精准性和安全性。

专业知识的积累是一个持续不断的过程，这要求服务人员具备自我学习和终身学习的意识。通过参与培训、阅读专业书籍、参加行业研讨会等途径，服务人员可以持续提升自己的专业能力，进而增强整体的服务水平。

2. 专业技能：服务能力的实践

专业技能是指将理论知识转化为具体行动的能力，它决定了服务人员是否能够高效、准确地完成任务。培养专业技能需要将理论学习与实践操作相结合，通过模拟练习、实际操作和案例分析等方法，服务人员能够逐步掌握并熟练运用各项技能。

以客户服务领域为例，有效的沟通技巧是专业技能的关键组成部分。服务人员必须学会倾听客户的诉求，用清晰、准确的语言表达解决方案，并且掌握情绪管理技巧，以应对客户的负面情绪。

3. 专业态度：服务能力的灵魂

专业态度是服务人员在工作中所表现出的职业精神和道德风貌，它决定了服务人员能否以积极、负责的态度对待工作。专业态度涵盖敬业、负责、诚信等多个维度。

敬业精神反映在服务人员对工作的高度投入和热爱，他们愿意为提高服务质量投入额外的努力和时间。责任心要求服务人员对自己的工作成果负责，对客户的需求和利益负责。诚信意识是服务人员与客户建立信任关系的基石，它要求服务人员保持言行一致，恪守职业道德规范。

4.2.2 技能精进：追求卓越的服务品质

专业素养不仅体现在对业务知识的掌握上，更体现在服务技能的不断精进上。一个具备高超服务技能的服务人员，能够为客户提供更加周到、细致的服务体验，从而赢得客户的赞誉和口碑。

1. 精准理解客户需求

提高专业素养能帮助服务人员更精准地把握客户需求。通过掌握专业知识，服务人员可以深入了解客户的行业背景、业务模式和痛点问题，从而为客户提供更具针对性的解决方案。同时，专业技能的提升也使服务人员能够更有效地与客户沟通，准确捕捉客户的真实需求。

例如，在销售领域，销售人员需要了解客户的购买动机、预算范围和使用场景等信息，以便推荐合适的产品和服务。通过运用专业知识，销售人员可以更加准确地判断客户的需求，提高销售成功率。

2. 提供高效解决方案

提升专业素养能够使服务人员为客户提供更高效、卓越的解决方案。通过掌握最新的行业技术和最佳实践，服务人员能够为客户提供创新性的解决方案，帮助客户应对复杂问题。同时，专业技能的提升也使服务人员能够更迅速地响应客户需求，缩短问题解决的时间。

例如，在IT服务领域，技术人员需要掌握最新的编程语言和开发工具，以便为客户提供高效、稳定的软件开发服务。通过不断提升自己的专业技能，技术人员可以更加熟练地运用新技术，提高软件开发效率和质量。

3. 增强客户信任与忠诚度

提高专业素养能加强客户对服务人员的信赖和忠诚度。通过展现自己的专业知识和专业技能，服务人员可以树立专业、可靠的形象，赢得客户的尊重和信任。同时，专业态度的展现也使客户感受到服务人员的真诚和关怀，从而增强客户对服务品牌的忠诚度。

例如，在咨询行业，咨询师需要为客户提供专业的建议和指导，帮助客户解决复杂的管理问题。通过展现自己的专业知识和专业技能，咨询师可以赢得客户的信任和尊重，从而建立长期稳定的合作关系。

4. 推动服务创新与升级

提升专业素养是驱动服务创新与升级的关键。面对行业技术的持续进步和客户需求的不断变化，服务人员必须不断更新知识与技能，以应对新的市场挑战。通过学习和掌握新技术、新方法，服务人员可以为客户提供更加创新、个性化的服务，推动服务品质的不断提升。

例如，在旅游行业，随着大数据、人工智能等技术的广泛应用，旅游服务人员需要掌握这些新技术，在工作中为客户提供更加智能化与个性化的服务指导。通过不断提升自己的专业素养，旅游服务人员可以推动旅游行业的创新与升级，提高整个行业的服务水平。

专业素养是提升服务能力和品质的关键。通过掌握专业知识、提升专业技能和展现专业态度，服务人员可以为客户提供更加精准、高效、优质的服务，增强客户信任与忠诚度。同时，提高专业素养也能促进服务创新与升级，为企业的长远发展注入新动力。因此，无论是企业还是个人，都应该重视专业素养的培养和提升，以应对日益激烈的市场竞争环境，赢得更加广阔的发展空间。

4.3 沟通秘籍：倾听与表达的艺术

在真诚服务的过程中，沟通无疑是连接服务提供者与接收者之间最关键的纽带。它不仅是信息传递的重要手段，也是情感交流、增进理解和建立信任的重要途径。而在这一过程中，有效倾听与清晰表达构成了沟通艺术的两大核心支柱。

倾听，是理解客户需求、感知客户情感的钥匙；而表达，则是传递服务价值、塑造服务形象的窗口。当这两者达到和谐统一时，服务的艺术便得以完美展现。本节将深入探讨有效倾听与清晰表达的技巧，揭示它们如何在真诚服务中发挥至关重要的作用，并引领企业走向更加卓越的服务境界。

4.3.1 倾听的艺术：用心感受，无声胜有声

沟通是连接服务提供者与接收者的桥梁，而倾听则是这座桥梁的基石。有效的倾听不仅仅是听见对方说了什么，更是理解其背后的情感与需求，是一种深层次的、情感共鸣的交流方式。它如同一面镜子，映照出客户内心的真实需求，使服务更加贴心与个性化。

1. 建立信任的前提

倾听是建立信任的第一步。当客户感受到自己被全心全意地关注和理解时，他们更有可能敞开心扉，分享更多关于自己的信息，包括他们的需求、期望乃至困扰。这种信任感的建立，为后续的服务提供了坚实的支撑。服务提供者需要展现出真诚的兴趣和尊重，通过肢体语言（如点头、眼神交流）来强化这种倾听的态度。

2. 主动倾听与反馈

主动倾听不仅仅是被动接收信息，还包括积极地参与对话，通过提问和

确认来确保理解准确无误。例如，在客户描述问题时，服务人员可以适时地插入“您是说…… 吗”或“我理解您的情况是这样的……”等语句，这样既能确保信息的准确性，又能让客户感受到被重视和理解的温暖。同时，有效的反馈也是倾听的重要组成部分，它表明服务人员不仅在听，而且在思考对策并准备采取行动。

3. 情绪智力的运用

倾听不仅是情绪智力的一种表现，更是服务人员必须掌握的技能。他们需要具备识别并回应客户情绪状态的能力，无论是喜悦、沮丧，还是愤怒。在面对客户的负面情绪时，保持冷静和同理心至关重要。通过肯定客户的感受，如说“我能理解您现在的感受很糟糕”，然后逐步引导至解决问题的路径上，可以有效缓解客户的紧张情绪，有助于问题的顺利解决。

4. 避免干扰，全神贯注

在数字化时代，注意力分散已成为普遍现象。然而，真正的倾听要求服务人员暂时搁置手机、电子邮件等干扰因素，全心全意地关注眼前的客户。这不仅展现了对客户的尊重，也确保了信息的准确传递。通过营造一个无干扰的沟通环境，服务人员能够更深入地理解客户，提供更加精准和贴心的服务。

4.3.2 表达的艺术：清晰、精准、富有感染力

倾听是理解客户需求的基石，清晰、精准且富有感染力的表达便是提供高质量服务的核心。卓越的服务人员擅长运用语言和非语言的手段，确保信息准确无误地传达给客户，并激发他们的积极情绪，从而提升整体的服务体验。

1. 精准用词，避免歧义

在沟通中，选用恰当且具体的词汇至关重要。模糊或含糊的表达容易导致误解，而精准的用词则有助于客户迅速把握信息的核心，降低沟通成本。例如，在阐述服务流程或产品特性时，应结合专业术语和易于理解的解释，确保所有客户都能跟上思路，理解无误。

2. 结构清晰，逻辑连贯

优秀的表达能力还体现在具有清晰的结构和逻辑性。无论是口头表达还是书面交流，都应遵循“引言—主体—结论”的基本框架，确保信息条理清晰地展开。引言部分应简洁明了地介绍主题，主体部分详细展开要点，结论部分则总结要点并提出行动建议。这样的结构不仅便于客户理解和记忆，也展现了服务人员的专业水平。

3. 情感共鸣，增强感染力

沟通的精髓不仅在于信息的交换，更在于情感的交流。服务人员应致力于在表达中注入情感，通过叙述故事、分享个人经历等手段，与客户建立情感纽带。当客户感知到服务人员真诚的热情和同理心时，他们更可能产生正面的情感反应，进而提高对服务的满意度和忠诚度。

4. 非语言沟通的力量

除了口头表达，非语言沟通同样重要。肢体动作、面部表情、语调变化等非语言元素能够传递丰富的信息，有时甚至比言语本身更具表现力。一个真诚的微笑、一个鼓励的眼神或是一个恰当的肢体动作，都能显著提升沟通的效果，让客户感受到尊重和重视。因此，服务人员应加强在非语言沟通方面的训练，使其与口头表达相得益彰，共同营造一个和谐的沟通环境。

5. 适应性与灵活性

卓越的沟通者必须展现出高度的适应性和灵活性，能够依据客户的反馈和偏好来调整沟通策略。鉴于客户之间沟通风格和偏好的差异——有的偏好直接明了，而有的则更喜欢详尽的解释——服务人员应学会观察和倾听，灵活地调整自己的沟通方式，以最恰当的方式满足客户的沟通需求。

6. 积极倾听与有效表达的融合

沟通的精髓在于积极倾听与有效表达的有机结合。服务人员应在倾听中识别客户的真实需求，随后通过精确且富有感染力的表达，将这些需求转化为具体的服务行动。这一过程不仅要求服务人员拥有高超的沟通技巧，更需具备深厚的同理心和服务意识，真正地以客户为中心，提供超越期望的服务体验。

总之，沟通的艺术在于有效倾听与有效表达的双重修炼。通过倾听，服务人员能够深入理解客户的内心，打下坚实的信任根基；而通过精准、富有感染力的表达，他们又能将这份理解转化为实际的行动，为客户提供个性化、贴心的服务。在真诚服务的道路上，掌握这门艺术，无疑将为服务人员赢得更多的客户忠诚与赞誉。

4.4 危机应对：化解不满的智慧

在商业活动中，每一次危机都对企业信誉、客户关系以及市场地位构成严峻挑战。然而，危机同样提供了展现企业责任感、创新能力和品牌魅力的良机。危机既是挑战也是机遇；它考验着企业如何在逆境中寻找转机，将客户的不满转化为理解与信任，将潜在的危机转化为推动企业成长与发展的强大动力。

4.4.1 未雨绸缪，构建高效危机管理体系

企业在运营过程中，难免会遇到客户的不满与投诉。这些不满背后的原因复杂多样。一方面，产品质量问题、服务体验不佳、信息不对称以及价格争议等直接因素，常常导致客户在使用过程中遇到困扰或产生被欺骗感，从而引发投诉。另一方面，个性化需求未满足、环境问题、内部管理问题以及市场竞争压力等间接因素，也可能成为客户不满的根源。这些因素可能单独或共同作用，影响客户的满意度和忠诚度，甚至可能升级为危机事件。

为了有效应对这些挑战，企业必须构建一套从预防到应对的全面危机管理体系，这是确保企业稳健前行、化危为机的关键。

1. 危机预警：构建灵敏的“雷达”系统

在危机应对中，预防总是优于治疗。企业应建立一套完善的危机预警机制，如同构建一艘船上的雷达系统，时刻监测着市场的动态和客户的情绪。通过大数据分析、社交媒体监测、客户反馈收集等手段，企业能够及时发现潜在的不满情绪和投诉苗头，为危机应对赢得宝贵的时间。

建立预警机制要求企业具备高度的敏感度和前瞻性，既要关注当前市场变动和客户反馈，又要能预见未来趋势和潜在风险。通过定期的市场调研、

客户满意度调查等方式，企业可以深入了解客户的需求和期望，从而提前发现可能引发危机的因素，并采取相应的预防措施。

2. 危机识别：精准把脉，洞悉本质

当危机发生时，企业应冷静应对，准确识别危机。这包括了解危机的性质、规模、影响范围以及潜在后果等，以便清晰了解危机，制订有效的应对方案。

在危机识别过程中，企业需要收集和分析大量的信息，包括客户投诉的具体内容、社交媒体上的舆论导向、竞争对手的动态等。通过对这些信息的综合分析，企业可以洞悉危机的本质和根源，为后续的应对工作提供有力的支持。

3. 快速响应：抢占先机，赢得信任

在危机应对中，时间就是生命。企业需要在最短的时间内作出响应，以抢占先机，赢得客户的信任。这需要企业拥有迅速的决策流程和灵活的应变能力。

快速响应包括多个方面，如及时发布权威声明、主动与客户沟通、启动应急预案等。企业应通过官方途径向公众和客户传达准确信息，表明态度。此外，还需积极与客户沟通，了解其需求和关注点，并提供实际可行的解决方案。通过这些措施，企业可以迅速平息客户的愤怒和不满，为后续的危机处理赢得更多的时间和空间。

4.4.2 转危为机，以智慧和创新化解不满

危机虽然带来挑战，但也孕育着转机。通过巧妙的危机管理，企业不仅能够化解客户不满，还能将危机转化为提升品牌形象、增强客户忠诚度的契机。关键在于，企业需要以客户为中心，把握危机中的每一个沟通机会，展现其价值观和社会责任感。

1. 深度沟通，真诚致歉

在危机应对中，深度沟通是企业与客户建立信任的重要桥梁。企业需要主动与客户进行深入的沟通，了解他们的需求和关切，表达企业的诚意和歉意。真诚致歉是深度沟通的重要环节。当企业意识到自身存在过错时，应主

动向客户道歉，并承诺采取积极的措施来解决问题。这种真诚的态度能有效减轻客户的愤怒和不满，为后续补救措施打下良好的情感铺垫。

在进行深度沟通时，企业应重视倾听与理解。只有确切掌握客户的需求和关注点，才能提出切实可行的解决方案。同时，企业还需要保持开放和透明的态度，及时向客户通报危机处理的进展和结果，以增强客户的信任感。

2. 制订并执行补救方案

在危机应对过程中，制订并执行补救方案是企业化解不满、挽回客户信任的关键步骤。补救方案应依据危机的性质和影响范围来制订，确保能够有效解决客户的问题和关切。

补救方案可能涵盖多个方面，如提供补偿或优惠、改进产品或服务、加强监管等。企业应根据具体情况选择恰当的补救措施，并确保这些措施能够得到有效执行。在执行补救方案时，企业必须注重细节和效率，确保每一步骤都得到妥善落实和跟进。

此外，企业还需对补救方案的效果进行及时评估和调整。通过收集客户的反馈和意见，企业可以掌握补救方案的实际效果，并根据反馈进行必要的调整和优化。这种持续改进的态度有助于确保补救方案更加贴合客户的需求和期望。

3. 危机复盘，提炼经验

在危机应对活动结束后，企业必须开展危机复盘工作，对整个危机处理过程及其结果进行彻底的审视和总结。这涉及对危机的根源进行分析、评估所采取应对措施的成效，以及从中提炼出宝贵的经验教训。

危机复盘有助于企业深入理解在危机应对中的成败得失，揭示存在的问题和不足之处，并为将来可能发生的危机应对提供宝贵参考。通过总结这些经验教训，企业能够持续改进危机应对策略，增强处理危机的能力。

在进行危机复盘时，企业应当重视团队协作和跨部门的协同工作。只有当各个部门紧密合作、共同奋斗时，危机复盘工作才能顺利推进。此外，企业还应保持开放和包容的心态，鼓励员工积极提出意见和建议，以便为完善危机应对机制提供更全面的支持和帮助。

4. 创新引领，实现转危为机

危机应对不仅是对企业的重要挑战和考验，也是推动企业创新发展的良好机遇。在危机中，企业需要勇于尝试新的方法和思路，以智慧和创新来化解困境，实现从危机中寻找机遇。

创新涵盖产品革新、服务优化、营销策略等多个维度。持续的创新活动使企业能够推出更贴合市场需求和客户期待的产品与服务，从而增强企业的竞争力和品牌影响力。同时，创新助力企业更好地适应市场波动，应对各种挑战，为企业的发展注入新的活力和动力。

在创新的征途上，企业应密切关注客户的需求和反馈，深入理解他们的期望，以确保开发出满足市场需求的产品和服务。此外，保持对市场动态的敏锐洞察，及时捕捉市场变化和趋势，对于创新的成功至关重要。

综上所述，危机应对犹如一场静默的较量，它检验着企业的应变能力和智慧决策。在危机中，企业需保持镇定和理性，以精确识别、迅速响应和深度沟通为核心，通过制订并执行补救方案、进行危机反思和创新引领等策略，将危机转化为促进企业成长和发展的契机。只有这样，企业才能在商业的道路上持续前进，实现持续稳定的发展。

第5章

环境营造：创造舒适与惊喜的空间

环境的营造对客户体验具有深远的影响。一个经过精心设计的空间，不仅能提升客户的舒适度，更能激发其情感共鸣，留下难忘的印象。本章将深入探讨如何通过空间布局、色彩搭配、光线运用以及科技融合等策略，营造出既符合品牌调性又超越客户期待的物理环境与心理环境，深入解析其背后的设计理念与逻辑，帮助企业将精细元素融入每一个细节，使环境本身成为传递品牌故事、增强客户黏性的有力工具。

5.1 舒适空间：物理环境的匠心设计

在当今这个以服务为先的时代，一个优秀的企业不仅要在产品和服务上追求卓越，更要在与客户接触的每一个细节上做到尽善尽美。其中，环境营造在塑造客户体验方面扮演着至关重要的角色。一个精心设计的物理环境，不仅能够为客户提供舒适、放松的空间，更能在无形中传递企业的品牌理念和文化价值，从而在客户心中留下深刻而美好的印象。

5.1.1 细节之处见真章：打造全方位的感官盛宴

在客户服务领域，环境设计不仅仅是装饰和摆设，更是提升客户体验的重要策略。一个精心设计的物理环境能够营造出舒适、温馨的氛围，使客户在享受服务的过程中感受到尊重和愉悦。那么，企业如何通过匠心独运的设计，让客户的每一次到访都成为一次难忘的感官盛宴呢？

1. 视觉：色彩与布局的巧妙运用

根据色彩心理学，不同的颜色能够激发人们不同的情感反应。因此，在环境设计中，色彩的搭配是至关重要的。通常，柔和、温暖的色调能够营造出轻松、舒适的氛围，而鲜艳、明亮的色彩则能够提升空间的活力。在选择色彩时，要根据品牌的定位和目标客户群体的喜好进行综合考虑。

在空间布局方面，需要平衡开放性与私密性，以达到适度的协调。开放的空间能够增加客户的自由度，让他们感到舒适和自在；而适当的私密性则能够保护客户的隐私，让他们在享受服务的过程中感到安心。此外，合理的动线设计至关重要，要确保客户在空间中能够顺畅、便捷地移动。

2. 听觉：音乐与声音的和谐共鸣

音乐是营造氛围的重要元素之一。在环境设计中，必须依据品牌风格和目标客户群体的偏好挑选适宜的音乐类型。柔和的旋律能够显著缓解客户的紧张情绪，提升他们的放松体验；而欢快和激昂的音乐则能够激发客户的活力和热情。

除了音乐，声音的控制也至关重要。要避免噪声的干扰，确保客户在空间内能够清晰地进行交流。同时，可以通过声音设计来增强空间的层次感，如使用背景音乐、环境音效等，营造出更加丰富的听觉感受。

3. 嗅觉：气味与氛围的微妙影响

嗅觉是人们感知环境的重要方式之一。在环境设计中，恰当的气味选择能够营造特定的氛围。例如，使用自然的花香或清新的果香能够提升空间的清新感和舒适感；温馨的木质香气或沉稳的皮革香气则能够营造出高雅、稳重的氛围。

需要注意的是，气味的选择和使用要适度，避免过于浓烈或刺鼻的气味给客户带来不适。同时，要定期更换和清洁香氛设备，以确保香气的持久性和稳定性。

4. 触觉：材质与温度的细腻关怀

触觉是人们与环境直接接触的方式之一。在环境设计中，材质的选择与搭配至关重要。柔软舒适的材质能提升客户舒适度与满意度，而环保健康的材质则能体现企业的社会责任心。

此外，温度的调节同样至关重要，应保证空间温度适宜，避免过热或过冷给客户带来不适。通过空调、地暖等设备的合理使用，可以为客户提供一个舒适宜人的环境。

5.1.2 匠心独运：超越常规的惊喜体验

在打造舒适空间的同时，企业如何通过独具匠心的设计，为客户提供超越常规的惊喜体验呢？

1. 主题化设计：打造独特的文化氛围

主题化设计是提升环境吸引力的有效策略之一。企业可以根据品牌定位和目标客户群体的偏好，挑选一个或多个主题来构建独特的文化氛围。例如，一家高端餐厅可能会选择古典、优雅的主题来彰显其品质和尊贵；而一家年轻、时尚的咖啡馆则可能倾向于现代、简约的主题，以营造轻松、自在的环境。

在主题化设计的过程中，细节处理和氛围营造至关重要。企业可以通过墙面装饰、家具选择、灯光设计等方式来强化主题效果，确保客户在空间中能够充分感受到文化氛围的熏陶和感染。

2. 个性化定制：满足客户的独特需求

个性化定制是提升客户体验的关键途径之一。在环境设计领域，企业可以根据客户的特殊需求和偏好，提供定制化服务。例如，可以为客户提供专属的休息区、会议室或娱乐设施等，让他们在享受服务的过程中感受到独特的关怀。

实现个性化定制，需要企业深入挖掘客户需求和偏好，并与客户进行充分的沟通与交流。此外，注重细节处理和品质控制是至关重要的，以确保定制服务能够精准满足客户的期望和需求。

3. 智能科技：提升环境的便捷性和交互性

在环境设计领域，企业通过引入智能科技，可以显著提升空间的便捷性和交互性。例如，智能门禁、智能灯光、智能音箱等设备的使用，简化了客户的操作流程，同时极大地提升了他们的使用体验。此外，AR/VR技术的应用，增强了空间的互动性和趣味性，使客户在空间中能够享受到更加丰富的体验。

在智能科技的应用过程中，必须平衡实用性和安全性，确保设备的稳定运行，预防故障和安全隐患。同时，对数据保护和隐私安全的重视不可或缺，以防止客户信息的泄露或滥用。

4. 艺术装置：增添空间的艺术气息

艺术装置是提升环境品质的重要元素之一。在环境设计中，企业可以引入艺术装置来增添空间的艺术气息和审美价值。例如，通过悬挂艺术品、摆放雕塑或装置艺术等作品来丰富空间的视觉效果；同时，邀请艺术家进行现场创作或表演等活动，来增强空间的互动性和参与感。

在选择和搭配艺术装置时，应确保其与整体环境的和谐统一。避免选择过于突兀或与主题不符的作品，以免给客户带来不适或干扰；同时，注重作品的品质和内涵的深度挖掘，使客户在空间中能够深刻感受到艺术的魅力和力量。

综上所述，打造一个舒适的空间需要在细节上展现匠心独运的设计。从视觉、听觉、嗅觉、触觉等多个感官维度出发，为客户提供一场全方位的感官盛宴。此外，通过独具匠心的设计和实践，超越常规的惊喜体验，满足客户的个性化需求和期望，从而赢得客户的信任与支持。

5.2 氛围营造：声、光、电与装饰的交响曲

一个精心设计的空间氛围不仅能吸引客户的注意力，还能激发情感共鸣，从而增强品牌认同感和忠诚度。在商业运营中，企业将焦点放在创造氛围上，尤其是将声音、光线和电子科技与装饰巧妙融合，能够编织出一场难以忘怀的感官盛宴，将客户体验推向新的高度。

5.2.1 声、光、电的交响乐：唤醒感官的沉浸式体验

声音、光线和视觉效果作为营造氛围的关键元素，通过精妙的搭配和运用，能够为客户提供沉浸式的感官体验。这使得客户在享受服务的过程中，体验到前所未有的惊喜和愉悦。

1. 声音的韵律：编织情感的纽带

声音，作为氛围营造的关键元素，其独特之处在于能够跨越语言的界限，直接触动人心。在客户体验中，声音的选择与运用至关重要。

背景音乐的选择：企业应根据空间的功能定位、客户群体以及品牌理念，精心挑选背景音乐。例如，高端餐厅可选择优雅的古典乐或爵士乐，以营造宁静而典雅的氛围；而儿童乐园则可选择欢快活泼的儿歌，以营造轻松愉悦的环境。

环境音效的运用：通过模拟自然声效（如流水声、鸟鸣声）或特定场景音效（如咖啡馆的研磨咖啡声、书店的翻书声），可以提升空间的真实感与沉浸感，让客户感觉仿佛置身于一个别样的世界之中。

音乐节奏与情感的共鸣：音乐的节奏与旋律能够直接影响人的情绪。在特定的时刻，如客户进店、用餐结束等，通过调整音乐的节奏与音量，可以营造出不同的情感氛围，如欢迎、告别、庆祝等，从而加深客户对品牌的情

感认同。

2. 光影的魔术：塑造空间的灵魂

光线与色彩，作为视觉艺术的两大要素，其巧妙运用能够赋予空间以生命，营造出独特的氛围。

光线的层次感：通过调节光线的明暗、色温以及照射角度，可以营造出丰富的空间层次感。例如，采用柔和的间接光线，可营造出温馨宁静的环境氛围；而强烈的聚光灯则能突出空间的焦点，引导客户的视线。

色彩的心理学：颜色不仅能对人的情绪产生影响，还能展现品牌的理念和文化内涵。在选择色彩时，应结合品牌的定位与客户的喜好，营造出符合品牌形象与氛围的色彩搭配。如蓝色代表冷静与信任，适合用于银行、保险等金融行业；而红色则代表热情与活力，适合用于餐饮、娱乐等行业。

光影的动态变化：通过智能灯光系统，可以实现光影的动态变化，如随着音乐节奏变换灯光颜色与亮度，营造出更加生动、有趣的氛围。这种不断变化的特点既能吸引客户目光，又能提升空间的趣味性和互动性。

3. 电子科技的融合：开启未来体验的门户

随着科技的迅猛发展，电子科技已经成为营造氛围的关键元素。通过引入智能音箱、AR、VR等先进技术，可以为客户提供前所未有的沉浸式体验。

首先，智能音响系统能够实现音乐的个性化定制与智能播放。例如，根据客户的喜好和情绪，智能推荐合适的音乐；或者根据空间的功能与氛围，自动调整音乐的风格与音量。

其次，AR技术将虚拟与现实融合，为客户带来更加多元化的互动体验。例如，扫描菜单上的二维码，客户就能观看菜品的制作过程或了解其背后的文化故事；在博物馆中，通过AR技术，客户可以观看到历史事件的再现与深度解读。

最后，VR技术能够为客户创造一个全新的虚拟环境。例如，将餐厅的用餐区转变为一个梦幻的森林或海底世界，让客户在享受美食的同时，也能体验到仿佛置身其中的奇妙感受。

5.2.2 装饰的艺术：展现品牌特色与文化底蕴

装饰在氛围营造中扮演着至关重要的角色。通过精心挑选装饰品、艺术品以及墙面装饰，品牌能够有效地展示其独特的特色和深厚的文化底蕴，进而增强客户的认同感和归属感。

1. 主题化的装饰风格

采用主题化的装饰风格，可以创造出别具一格的氛围，让客户在空间中深刻体验到品牌的特色和文化内涵。例如，将餐厅设计成一个充满复古风情的欧洲小镇，通过复古家具、装饰品和墙面设计，营造出浓郁的欧洲氛围；或者将咖啡馆转变为一个艺术气息浓厚的空间，通过展示艺术品、举办艺术展览等活动，吸引艺术爱好者前来体验和分享。

2. 互动装饰的趣味性

互动装饰作为一种创新的氛围营造手段，能够显著提升客户的参与度和体验感。设置互动拍照墙、互动游戏区等，让客户在享受服务的同时，也能积极参与装饰的互动之中。这种互动装饰不仅为空间增添了趣味性和互动性，还能鼓励客户在社交平台上分享他们的体验，从而为品牌带来更多的曝光和口碑传播。

3. 定期更换与更新

营造氛围并非一成不变，而是需要随着季节更迭、节日庆典以及品牌活动的演进而不断更新与变化。通过定期更换装饰品、调整墙面装饰以及优化声、光、电效果的运用，可以保持空间的新鲜感与吸引力，确保客户每次到访都能体验到不同的氛围与感受。这种定期更换与更新的做法不仅能够提升客户的满意度与忠诚度，还能为品牌注入更多的活力与创新精神。

综上所述，作为提升客户体验的关键手段之一，氛围营造中声光电与装饰的巧妙运用至关重要。通过精心挑选音乐、调节光线与色彩、引入智能科技以及注重装饰细节的处理，可以为客户带来沉浸式的感官体验与深刻的情感共鸣。

5.3 互动时刻：主题活动策划与节日布置

每一次的主题活动策划与节日布置，都是企业与客户之间情感交流的桥梁，是品牌形象塑造的良机。它们不仅仅是视觉上的盛宴，更是情感与记忆的载体，深刻影响着客户对企业的认知与忠诚度。

在这个充满机遇与挑战的时代，如何巧妙地运用主题活动策划与节日布置，创造独特的客户体验，让每一次的互动时刻都成为客户心中难忘的回忆，成为每个企业都必须面对的课题。

5.3.1 主题活动策划：点燃参与热情，编织情感记忆

主题活动策划是增强客户参与感、满意度与忠诚度的有效手段。精心设计主题活动，有助于企业塑造独特品牌形象，并在客户心中留下美好而深刻的印象。那么，企业如何通过创新的主题活动策划，提升客户体验呢？

1. 精准定位，洞察需求

成功策划主题活动的关键在于精准定位目标客户并深入了解其需求。企业需深入了解客户的兴趣偏好、消费习惯及情感需求，从而确定活动的主题、风格与内容。例如，针对年轻消费群体，可以选择时尚潮流、科技互动等元素；而对于家庭客群，则更倾向于温馨亲子、寓教于乐的活动形式。通过市场调研、社交媒体分析、客户反馈等手段，收集并分析数据，确保活动策划有的放矢，直击客户心灵。

2. 创意为先，打造差异化

在当下这个信息爆炸的时代，创意成为吸引客户注意力的核心要素。因此，主题活动策划必须力求别出心裁，避免陷入同质化的竞争泥潭。可以从文化、艺术、科技、自然等多个维度寻找灵感，结合时下热点，创造出既有

趣又富有内涵的活动。例如，结合虚拟现实技术举办“未来世界探索日”，或是以环保为主题开展“绿色生活节”，通过独特的创意，让活动成为客户谈论的焦点，增强品牌记忆点。

3. 互动体验，增强参与感

主题活动的策划应注重客户的参与性，通过设计多元化的互动环节，例如现场游戏、工作坊、问答竞赛等，激发客户从被动接受转变为主动参与，从而沉浸在快乐之中。同时，借助社交媒体平台，开展线上互动活动，如直播互动、话题挑战等，以扩大活动的传播范围，实现线上线下的融合，增强活动的影响力和传播力。

4. 情感共鸣，加强品牌联系

卓越的主题活动策划不仅提供娱乐和知识，更关键的是能够触动心灵，激发情感共鸣。通过叙述品牌故事、展示社会责任、传播正能量等手段，使活动成为传递品牌价值观和文化的媒介。例如，策划“感恩回馈月”活动，邀请客户分享他们的感人故事，或组织公益活动，让参与者在享受乐趣的同时，感受到品牌的温暖，从而加深与品牌之间的情感纽带。

5.3.2 节日布置：传递品牌温情，激发情感共鸣

节日是增强客户体验、促进情感交流的绝佳时机。恰当的节日布置不仅能够营造浓厚的节日氛围，还能激发客户的情感共鸣，提升品牌的亲和力与归属感。那么，企业如何通过节日布置，为客户打造难忘的节日体验呢？

1. 主题明确，氛围营造

每个节日都有其独特的文化背景与象征意义，节日布置的首要任务是明确主题，围绕主题进行装饰设计。例如，春节的喜庆红、圣诞节的雪白加绿意、情人节的浪漫粉色等，通过色彩、图案、装饰物的巧妙运用，迅速营造节日特有的氛围。同时，结合音乐、灯光、气味等多重感官元素，全方位提升客户的沉浸感。

2. 细节制胜，创意点缀

在整体布局的基础上，通过创意小品的点缀，如主题雕塑、手工艺品、节日特供饮品等，增加节日布置的趣味性与独特性。这些细节不仅能够吸

引客户的目光，还能成为他们拍照分享的亮点，无形中扩大了品牌的传播范围。

3. 互动装置，增强体验

节日布置不应仅限于视觉上的享受，更应融入互动元素，邀请客户积极参与，享受节日的欢乐。例如，设置节日主题的拍照区，提供有趣的道具与滤镜，鼓励客户拍照分享；或者设置与节日相关的互动游戏，如猜灯谜、抓娃娃等，让客户在娱乐中体验节日的喜悦。通过这些互动装置，不仅增强了客户的参与感，也加深了节日装饰的吸引力。

4. 情感纽带，传递祝福

节日是传递情感与祝福的绝佳时机。企业可以通过节日装饰和活动安排，向客户传达温馨的节日问候和祝愿。例如，设置许愿墙、祝福树等互动环节，邀请客户留下他们的愿望和祝福，或发送定制化的节日贺卡和短信，让客户感受到品牌的关怀和温暖。这种情感纽带不仅加深了客户对品牌的记忆，还能提升客户的忠诚度和归属感。

综上所述，主题活动策划和节日布置是提升客户体验的关键环节。通过周密的策划和执行，企业能够为客户提供更加个性化、有趣、充满温情的体验，从而在竞争激烈的市场中脱颖而出，建立坚实的客户基础和积极的品牌形象。

5.4 数字生态：AR/VR 重塑服务场景

在科技的浪潮中，AR与VR技术如同一股强劲的东风，正以前所未有的速度和力量，重塑着企业的服务场景。从服装业的虚拟试衣间，到教育领域的沉浸式学习体验，再到医疗健康领域的精准治疗方案，AR/VR技术以其独特的沉浸式体验和高度个性化的服务，正引领企业迈向未来服务的新领域。

它们不仅极大地丰富了客户体验，还为企业提供了前所未有的创新机遇，推动着一个全新的数字生态的形成。本节将深入探讨AR/VR技术如何重塑服务场景，以及在这一过程中，企业需要面对的挑战与机遇，共同展望一个由AR/VR技术引领的更加智能、高效和个性化的未来。

5.4.1 未来已来：AR/VR技术的革新力量

在服务场景中，AR/VR技术的引入不仅极大地丰富了客户体验，还为企业提供了前所未有的创新空间。从零售、教育到医疗健康，AR/VR正逐步构建起一个全新的数字生态，让服务变得更加智能、个性化和沉浸式。

1. 沉浸式体验：超越现实的界限

AR/VR技术的核心优势在于其提供的深度沉浸式体验环境。在服装业，消费者能够借助AR试衣镜，无须实际穿戴衣物，就能预览服装效果，显著提升了购物体验和决策效率。旅游业同样受益于VR技术，它允许消费者在家中“游览”全球各地的名胜古迹，感受不同文化的魅力，为旅行规划带来了前所未有的便捷。这种超越现实的沉浸式体验不仅满足了消费者对新鲜感的渴望，也为企业开辟了新的服务维度。

2. 个性化定制：精准满足客户需求

AR/VR技术还赋予企业前所未有的个性化定制能力。在教育领域，学生可以利用VR技术，根据自己的学习节奏和兴趣点定制专属的学习场景，如亲临历史事件现场或体验科学实验，使学习过程更加生动有趣。在医疗健康领域，AR技术被应用于手术模拟和患者教育，医生可以在虚拟环境中练习手术，提高实操时的成功率；同时，患者也能通过AR模型直观了解自己的病情，增强治疗信心。这种个性化定制的服务模式，不仅提高了服务效率，也提升了客户的满意度和忠诚度。

3. 智能交互：重塑服务流程与沟通方式

AR/VR技术的智能交互特性正在重塑服务流程与沟通方式。在客户服务中，通过AR远程协助，技术人员可以实时指导客户解决复杂问题，仿佛亲临现场般进行故障排查与维修指导，有效提升了服务速度和客户满意程度。娱乐行业也因VR游戏和AR互动体验而变革，玩家能够身临其境地参与游戏，与虚拟世界进行实时互动，这种前所未有的交互体验正在重新定义娱乐产业的未来。

5.4.2 构建数字生态：AR/VR技术的深度应用与挑战

尽管AR/VR技术在服务场景中的应用前景广阔，但要真正构建一个健康、可持续的数字生态，还需应对技术成熟度、成本效益、数据安全及隐私保护等多方面的挑战。

1. 技术成熟度与成本效益的平衡

尽管AR/VR技术近年来取得了显著进步，但技术成熟度与成本效益之间的平衡仍是制约其广泛应用的关键因素。高质量的AR/VR体验往往需要高性能的硬件设备与复杂的软件支持，这在一定程度上增加了企业的运营成本。因此，如何在保证体验质量的同时，降低技术应用的门槛与成本，是当前企业需要解决的重要问题。

2. 数据安全与隐私保护

随着AR/VR技术在服务场景中的深入应用，客户数据的收集与处理成为不可回避的问题。如何确保客户数据的安全，防止数据泄露与滥用，是构建数字生态时必须面对的挑战。企业需建立严格的数据管理制度，采用加密技术保护客户数据，同时加强员工的数据安全意识培训，确保客户隐私得到妥善保护。

3. 跨平台兼容性与标准化

AR/VR技术面临的跨平台兼容性与标准化挑战，是构建数字生态的关键障碍之一。不同设备和平台间的兼容性问题，制约了AR/VR技术应用的广泛传播和深度整合。因此，推动AR/VR技术的标准化进程，建立统一的开发框架和接口标准，对于技术的普及和应用来说至关重要。

4. 用户体验的持续优化

尽管AR/VR技术能够提供沉浸式的体验环境，但如何避免用户在使用过程中出现眩晕、疲劳等不适感，以及如何确保内容的丰富性和趣味性，是企业必须持续探索和解决的课题。通过不断收集和分析用户反馈，持续优化技术和应用，是提升用户体验的关键。

AR/VR技术正以其独特的魅力重塑服务场景，构建全新的数字生态。在这个充满机遇与挑战的时代，企业必须紧跟技术发展的步伐，不断探索AR/VR技术的深度应用。同时，关注技术成熟度、成本效益、数据安全和隐私保护等关键问题，以客户为中心，不断提升客户体验质量，共同推动数字生态的繁荣发展。展望未来，随着AR/VR技术的不断成熟和普及，有充分的理由相信，一个更加智能化、个性化、沉浸式的服务世界正向我们走来。

第6章

定制服务：从『一』到『唯一』的蜕变

作为现代消费趋势的璀璨明珠，定制服务正引领着一场从“一”到“唯一”的深刻蜕变。在这个强调个性化与差异化的时代背景下，消费者已不再满足于标准化的产品和服务，而是渴望那些能够精准捕捉个人喜好、需求乃至能引发情感共鸣的定制化体验。定制服务，正是这一时代精神的完美诠释，它让每一种产品或服务都成为独一无二的艺术品。

6.1 数据驱动：精准洞察客户需求

在当前竞争激烈的商业环境中，企业要想赢得客户的青睐并确保长期的繁荣，关键在于深入理解并准确把握客户的需求。尽管传统的市场调研方法在一定程度上有效，但它们通常受限于样本量的局限、时效性的挑战和主观性的偏差。相比之下，基于数据的分析方法，借助于大数据的丰富性和智能科技的先进性，已经成功实现了对客户需求的精准洞察。

6.1.1 数据驱动在客户需求洞察中的应用

1. 数据收集与整合

数据驱动策略的首要步骤是数据的收集与整合。企业需要从多种渠道收集数据，包括线上和线下的交易数据、社交媒体数据、客户反馈数据以及第三方数据等。这些数据涵盖了客户的基本信息、购买行为、偏好变化等多个维度，为后续的观察与服务提供了丰富的素材。

在数据整合方面，企业应构建一个综合性的信息中心，以实现信息的集中管理和高效运作。通过信息提炼、去重、格式化等流程，确保信息的准确性和一致性。同时，利用信息库和数据湖等技术手段，实现信息的长期保存和快速检索，为后续的分析挖掘工作打下坚实的基础。

2. 数据分析与挖掘

在完成数据收集与整合之后，企业必须深入进行数据分析和挖掘工作，以便揭示客户需求的潜在规律和趋势。常用的分析手段包括描述性分析、推论性分析以及预测性分析。

描述性分析旨在总结数据的特征和分布情况，如客户的年龄分布、购买频次等。推论性分析则通过统计方法，推断总体特征或检验假设，如判断不同客户群体之间的购买行为是否存在显著差异。预测性分析则是利用机器学习算法，预测客户未来的购买意向和偏好变化。

在数据挖掘方面，企业可以运用关联规则挖掘、聚类分析与分类预测等技术，发现客户需求的潜在模式和关联关系。这些创新工具帮助企业在更深层次上掌握客户需求的变化，挖掘潜在的盈利机会。

3. 客户画像构建

客户画像的构建是基于数据分析以洞察客户需求的关键策略。通过整合和分析客户多维度的数据，企业能够描绘出详尽的客户画像，涵盖基本信息、消费习惯、兴趣爱好以及社交关系等方面。

客户画像不仅有助于企业更好地理解客户，还能为精准营销和个性化服务提供有力支持。企业可以根据客户的特征描述，设计个性化的营销方针与服务计划，进而提升客户的满意度与忠诚度。

在构建客户画像的过程中，企业必须重视数据隐私的保护和合规性。通过采用编码、匿名化等技术手段，确保客户信息的保密性和合规性。同时，应遵循相关法律法规及行业标准，制定数据使用的规范和流程。

4. 实时反馈与优化

数据驱动的客户需求洞察是一个持续的循环改进和不断优化的过程，而非一次性的任务。企业必须构建实时反馈机制，以便及时收集客户的反馈意见和购买行为数据，从而对洞察模型进行适时的调整和优化。

通过即时监控和深入分析用户反馈信息，组织能够识别需求变化的趋势和潜在的挑战，并迅速调整产品策略与服务规划。同时，借助机器学习算法的自我学习能力，可以不断改进洞察模型的性能和精确度。

5. 跨部门协同与决策支持

数据驱动的客户需求洞察需要企业多个部门的协同合作。市场部、产品部与销售部等部门都需要共同参与数据收集、分析和应用过程，形成跨部门的协同机制。

通过跨职能团队的合作，组织能够确保数据的一致性和精确性，提升分析结果的可信度和实用性。此外，各部门可以根据洞察结果制定更加精确和有效的策略，为企业的决策提供坚实的支持。

在决策支持方面，企业可以运用可视化工具和仪表盘，将洞察结果以直观、易懂的形式展现给决策者。通过数据驱动的决策方法，可以提高决策过程的合理性和效率。

6.1.2 数据驱动洞察客户需求的实施策略

1. 建立数据驱动的企业文化

为了实现以数据为核心洞察客户需求的目标，企业必须首先构建一个以数据为导向的组织文化。这要求企业鼓励员工主动收集、分析和应用数据，将数据作为企业决策的关键参考。

企业可以通过培训、激励和考核等方式，增强员工的数据意识和数据分析能力。此外，需构建数据互通与协作平台，以强化跨部门之间的数据流通与协同作业。

2. 加强数据基础设施建设

数据驱动的客户需求洞察依赖于强大的数据架构支持。企业需投入资源打造高效、稳定的数据存储和处理系统，确保数据的实时更新和精确性。

同时，企业应选择与自身业务需求相匹配的数据分析工具和平台，以提升数据分析的效率和精确度。此外，企业还应加强数据安全防护和隐私权益保护，确保客户信息的安全和合规性。

3. 优化数据分析和挖掘算法

数据解析与智能挖掘技术构成了洞察客户需求的数据驱动核心。企业需持续精进与革新这些技术，以提升其精确度和运作效能。

这可以借助前沿的人工智能算法、深度学习框架等策略达成。同时，企业还需要建立算法评估和优化机制，定期对算法进行评估和优化，确保算法能够持续适应客户需求的变化。

4. 加强客户参与和反馈

客户参与和反馈是数据驱动洞察客户需求的重要环节。企业应主动与客户建立联系，掌握客户的期望与需求，并收集其反馈心声。

通过客户互动与意见收集，企业能够洞察客户需求的演变趋势与潜在挑战，迅速调整产品布局与服务策略。此外，客户互动与意见反馈还能提升客户满意度，持续强化企业在市场中的竞争优势。

5. 持续迭代和优化

以数据为驱动的客户需求洞察是一个持续迭代和精细化的过程。企业必须建立一套迭代和优化机制，定期对洞察模型进行更新和改进。

通过持续的迭代和优化，企业能够逐步提升洞察模型的精确度和实用性，更有效地满足客户需求和应对市场变化。此外，迭代和优化的过程还能推动企业的持续创新和成长。

数据驱动的方法为精准洞察客户需求提供了强有力的工具。通过数据收集与整合、数据分析与挖掘、客户画像构建、实时反馈与优化以及跨部门协同与决策支持等步骤，企业能够深入分析客户的购买习惯及偏好变化。同时，通过建立数据驱动的企业文化、加强数据基础设施建设、优化数据分析和挖掘算法、加强客户参与和反馈以及持续迭代和优化等策略，企业可以进一步提高洞察的精确度和实用性，为精准营销和个性化服务提供坚实的支撑。

6.2 CRM 赋能：实现个性化推荐与服务

在数字化时代，客户关系管理（Customer Relationship Management，CRM）系统已经成为企业提升竞争力、优化客户体验的重要工具。CRM系统通过整合和分析客户数据，不仅帮助企业深入理解客户需求，还能够提供个性化推荐与服务，从而加强客户忠诚度，提升客户满意度和依赖度。

6.2.1 CRM赋能：实现个性化推荐

1. 数据收集与整合

个性化推荐的基础是对客户信息的广泛收集与综合处理。CRM系统作为企业的数据中心，能够整合来自多个渠道的数据，包括客户的基本信息、购买历史、浏览记录，甚至是社交媒体互动等。这些数据构成了客户画像的基础，为后续的个性化推荐提供了丰富且较为精准的素材。

在信息采集过程中，企业应确保信息的精确性和全面性。利用信息净化与冗余剔除手段，排除无效与重复内容，提高信息品质。同时，企业还需关注数据的隐私保护和合规性，确保在收集和使用客户数据时遵守相关法律法规与行业标准。

2. 客户画像构建

通过整合收集到的客户信息，企业能够创建出详尽的客户画像。客户画像涵盖了客户的年龄、性别、职业、兴趣爱好、购买偏好等多个维度，这有助于企业深入理解客户的真实需求。

在构建客户画像的过程中，企业必须重视信息的时效性和变化性。随着客户行为和喜好的演变，客户画像中的特征描述也需要不断地更新和优化。利用CRM系统的自动化更新功能，企业能够实时监控客户数据的变动，确保客户画像的准确性和时效性。

3. 数据分析与挖掘

在构建客户画像的基础上，企业需要进行深入的数据分析和挖掘，以便发现客户需求的潜在规律和趋势。CRM系统提供了丰富的数据分析工具，如关联规则挖掘、聚类分析、分类预测等，有助于企业揭示客户购买行为背后的逻辑。

通过数据分析，企业能够识别出不同客户群体之间的购买偏好差异，以及客户在不同时间段和不同场景下的购买行为变化。这些信息为个性化推荐提供了有力的支持，使企业能够根据客户画像和购买历史，向客户精准推送符合其需求的商品或服务。

4. 个性化推荐算法

定制化推送机制是实现个性化服务的基石。CRM系统常预装有各类推送策略，诸如属性匹配推送、用户行为相似度推送、综合策略推送等。这些策略依据客户特征描述与消费历程，自动生成针对客户的建议清单。

属性匹配推送策略侧重于根据产品或服务的固有属性，向客户推荐与其兴趣相投的选项。用户行为相似度推送策略通过分析客户间的共同点，向客户推荐其他相似客户青睐的选项。综合策略推送则融合了多种推送策略的优势，提升了建议的精确性与丰富性。

5. 实时反馈与优化

个性化推荐并非一蹴而就，而是需要不断迭代和优化。CRM系统提供了实时反馈机制，能够收集客户对推荐结果的反馈意见，如点击率、购买率与满意度等。

通过实时反馈，企业可以进一步了解推荐算法的效果，及时发现存在的问题和不足。据此，企业能够对推介算法进行改良与调整，从而提升推荐的精准度与实用性。同时，企业还可以根据客户的反馈意见，调整产品或服务的推荐策略，更好地满足客户需求。

6. 跨渠道整合与协同

在数字化时代，客户可能通过多个渠道与企业进行互动，如线上商城、社交媒体、实体店等。为了实现个性化推荐的全面覆盖，企业需将CRM系统与多个渠道进行整合与协同。

借助多渠道融合，企业能够保障客户数据在不同平台间的统一性和连贯性。在此基础上，企业可以针对不同渠道的特点和客户行为，制定个性化的推荐策略。例如，在线上商城中，企业可以基于客户的浏览历史和购买历史，推送符合其需求的商品或服务；在社交媒体上，企业可以根据客户的兴趣爱好和互动行为，推送相关的内容和活动。

6.2.2 CRM赋能：提供个性化服务

1. 客户细分与差异化服务

CRM助力企业实现客户分层，根据客户的独特特征和行为模式进行分类。通过客户分层，企业能够为不同的客户群体定制专属的服务方案。

例如，对于高价值客户，企业可以提供专属的客服团队、优先的售后服务和个性化的礼品赠送；对于潜力客户，企业可以提供优惠活动、新品试用和专属的购物体验。凭借个性化服务，企业能更有效地响应客户需求，增强客户的满意度与忠诚度。

2. 自动化服务流程

CRM系统能够自动化处理客户服务的多个环节，如客户咨询、投诉处理、售后服务等。通过智能化服务流程，提升企业服务效能与响应速度，减少人力成本与开支。

在自动化服务流程中，企业可以部署智能客服机器人，用于处理常见的客户咨询和投诉。自动化客服系统能够根据客户的咨询和需求，提供恰当的回应和个性化建议。同时，企业还可以设置自动化的售后服务流程，如退换货申请、维修服务等，从而提升客户的购物体验和满意度。

3. 预测性维护与故障预警

在诸如制造业和家电行业等特定领域，CRM系统能够实现预测性维护和故障预警功能。通过收集和分析客户的使用数据及反馈，企业能够预测设备的维护周期并识别潜在的故障风险。

基于这些信息，企业能够预先安排维护人员进行上门服务，从而防止设备故障给客户带来的不便和损失。此外，企业还可以利用客户的反馈来优化产品设计和生产流程，进而提升产品的品质和可靠性。

4. 个性化营销与活动

CRM系统可以根据客户画像和购买历史，制定个性化的营销活动和推广策略。通过个性化营销，企业能够精准地触达目标客户群体，逐渐提高营销效果和客户参与度。

例如，企业可以根据客户的购买偏好和兴趣爱好，推送相关的优惠券、新品信息和活动通知。同时，企业还可以根据客户的购买记录和互动行为，制订个性化的会员制度和积分奖励计划，增强客户的黏性和忠诚度。

5. 实时沟通与互动

CRM系统为企业提供了多种沟通渠道和工具，包括在线客服、短信通知、邮件推送等。通过即时交流与反馈机制，企业能迅速掌握客户需求与反馈，进而提升客户满意度与忠诚度。

在实时沟通的过程中，企业可以设置在线客服团队，用于解答客户的疑问和提供个性化的建议。同时，企业还可以通过短信通知和邮件推送等方式，向客户发送重要的信息和服务提醒。通过即时的对话与交流，企业能与客户构筑更为牢固的联络与信赖纽带。

6. 数据分析与决策支持

CRM系统配备了全面的数据洞察工具，助力企业深刻把握客户行为与需求演变。通过数据分析，企业能够识别潜在市场机遇与客户需求，为产品研发与市场推广策略提供坚实支撑。

与此同时，CRM系统还具备为企业决策过程提供辅助的功能。通过整合和分析客户数据，企业可以制定更加精准和有效的营销策略与服务方案。在此基础上，企业可以优化资源配置和业务流程，提高运营效率和客户满意度。

CRM系统作为企业的数字化工具，能够增强企业实现个性化推荐与服务的能力。在未来的发展道路上，企业应持续深化CRM系统的应用和创新，为客户提供更加优质和个性化的服务体验。

6.3 定制化方案：打造专属服务体验

在这个多样化与定制化日益盛行的时代，客户对服务的期望已经超越了基本的功能性满足，他们更加追求服务体验的深度和情感上的共鸣。定制化方案作为一种高效的服务模式，通过深入洞察客户的独特需求，提供个性化的服务体验，已经成为众多企业和品牌赢得市场青睐的关键策略。

6.3.1 定制化方案：开启成功之门的金钥匙

1. 个性化方案能够精准满足独特需求

在当前的消费环境下，客户的需求变得越来越多样化，不同人群、不同个体之间的需求差异日益显著。传统的标准化服务模式已难以满足这种多样化的需求。定制化方案通过深入挖掘每位客户的具体需求，量身打造服务内容，使服务更加贴合客户的期望。例如，在旅游行业中，定制化旅游线路可以根据客户的兴趣、预算和时间安排等因素，进而打造独一无二的旅程体验，让客户在享受服务的同时感受到专属的尊贵体验。

2. 定制化方案能够深化客户忠诚度

专属化服务不仅满足客户需求，更体现了情感的投入与关怀。当客户感受到企业对其需求的珍视与尊重时，会激发出强烈的认同感和忠诚度。这种情感的纽带不仅促进了客户的重复购买，还能通过口碑效应吸引更多的潜在客户。例如，高端零售品牌通过提供“一对一”的私人购物顾问服务，深入了解客户的个人风格和偏好，为其量身打造搭配方案，从而建立稳固的长期客户关系。

3. 定制化方案有助于提升品牌形象

个性化服务模式是企业实施差异化竞争的关键战略之一。通过创造独特且符合个人需求的服务体验，企业能够在激烈的市场竞争中脱颖而出，塑造鲜明的品牌识别度。这种品牌形象不仅体现在产品或服务上，更体现在企业与客户之间的情感纽带和互动上。例如，豪华汽车品牌通过提供个性化的车辆定制服务，不仅满足了客户对车辆性能、外观等方面的个性化需求，还通过周到的售后维护，增强了品牌的整体形象。

4. 定制化方案可以驱动业务革新

定制化服务促使企业持续关注市场趋势与客户需求变化，敏捷调整服务方针，进而驱动业务革新。这种对市场的敏锐洞察和快速响应能力，有助于企业发现新的业务机会，推动产品和服务的持续创新。例如，在金融科技领域，一些企业会根据客户对理财产品的个性化需求，开发出智能投资顾问系统，借助算法评估客户的财务健康度与风险承受度等因素，量身定制个性化投资组合建议，实现了金融服务的智慧化与个性化。

6.3.2 定制化方案：服务创新实践的动力

1. 客户画像构建：精准洞察需求

定制化方案的首要步骤是塑造客户轮廓，通过收集并解析客户的基本资料、购买习惯、个人喜好以及行动模式等信息，达成对客户的全面且透彻的认识。这种画像不仅有助于企业识别客户的显性需求，还能挖掘其潜在的、未表达出来的需求，为后续的定制化服务提供精准的依据。例如，通过数据分析发现某类客户对环保、可持续的产品有较高偏好，企业就可以在产品设计、包装、营销等方面融入这些元素，提升客户的满意度和忠诚度。

2. 服务流程优化：提高体验效率

定制化服务不仅体现在产品或内容的个性化上，还体现在服务流程的灵活性和高效性上。企业需依据客户的实际需求，精进服务流程，剔除冗余步骤，提高服务效率与品质。例如，在客户服务热线中引入智能语音识别和人工智能客服，能够快速识别客户问题，提供个性化的解决方案，减少等待时间和沟通成本。此外，企业还可以提供自助服务选项，如在线预约、自助查询等，让客户根据自己的时间和需求选择服务方式，减少等待时间、提升服务体验。

3. 情感链接建立：提升客户忠诚度

定制化服务超越了满足客户基本需求的层面，它体现了情感的投入和关怀。企业应通过个性化的沟通、专属服务团队以及定制化的礼品或活动，与客户建立情感纽带。例如，在客户的生日或重要纪念日，送上个性化的祝福和优惠，让客户感受到企业的关怀和重视。这种情感链接不仅加深了客户的忠诚度，还能通过口碑效应吸引更多的潜在客户。

4. 技术创新应用：推动服务升级

随着技术的不断进步，企业可以利用大数据、人工智能、物联网等前沿技术，提高个性化服务的智能化和自动化水平。通过大数据分析客户的消费行为和偏好，预测其未来需求，提前准备个性化的产品或服务；运用人工智能技术实现智能推荐和智能服务支持，提高服务的精确度和效率；利用物联网技术，实现产品与服务的无缝对接，为客户提供更加便捷和智能的使用体验。

5. 持续反馈与迭代：完善服务方案

定制化服务是一个不断改进的过程。企业必须建立有效的反馈机制，收集客户对服务的评价和建议，及时发现并解决问题。同时，企业应根据市场变化和客户需求的演进，不断调整和优化服务策略，确保服务的连贯性和创新性。例如，定期邀请客户参与服务体验调研，了解他们对服务的满意度和改进建议；设立创新团队，负责探索新的服务模式和技术应用，以不断提升服务质量和客户体验。

展望未来，企业应持续关注并探索定制化服务的新模式和新方法，以提供更优质、个性化的服务体验，赢得更多客户的信任与支持。

6.4 生命周期管理：持续创造价值

在当前这个快速演变的商业世界里，企业的成功不再仅仅依赖于某一瞬间的决策或行动，而是取决于其在整个生命周期中的持续管理与价值创造能力。

作为一种战略性的管理理念，生命周期管理旨在帮助企业理解并适应其发展阶段的变化，通过适时的策略调整和创新驱动，确保企业在不同生命周期阶段都能保持竞争力，实现持续的价值增长。

6.4.1 生命周期管理的核心理念与实践

简而言之，生命周期管理是指企业根据其生命周期的各个阶段（如萌芽期、成长期、成熟期和衰退/转型期）的特性，制定并实施相应的战略、组织结构和运营策略，从而确保企业的长期发展和价值最大化。这一理念的重要性在于，它可以帮助企业主动并快速地适应外部环境的变化，及时调整内部结构和运营策略，从而保持竞争优势，避免陷入困境。

企业生命周期阶段主要分为四个阶段。第一阶段：萌芽期。企业在此阶段通常资源有限，但创新和灵活性是其优势。面临的挑战包括市场接受度的不确定性、资金筹集困难以及团队建设等。第二阶段：成长期。随着市场的逐步接受，企业需要迅速扩大规模，提高生产效率，同时保持创新动力。此阶段的挑战在于如何平衡快速扩张与稳健运营的关系，以及如何有效管理成长带来的复杂性和不确定性。第三阶段：成熟期。企业步入成熟发展阶段，市场占有率与盈利能力攀至巅峰。然而，成熟期也伴随着增长放缓、市场竞争加剧和创新能力下降的风险。第四阶段：衰退/转型期。出于市场变化、技术革新或管理不善等原因，企业可能面临衰退。此阶段的关键在于识别衰退的迹象，及时采取转型或重组策略，以恢复增长势头。

一方面，依据生命周期所处阶段，企业应规划契合当前发展阶段的战略导向，如在成长期注重市场验证和快速迭代，而成熟期则强调市场扩张和品牌建设，合理分配资源，确保关键领域（如研发、市场营销、人才培养等）得到足够的支持，同时避免资源浪费和过度扩张。

另一方面，随着企业的成长，其组织架构需适时变革，以匹配各阶段的需求。例如，在成长期可能需要灵活的项目团队，而成熟期则可能更倾向于稳定的职能部门结构。同时，紧抓企业创新。无论在哪个时期，创新均是推动企业持续前行的关键引擎。企业应培育创新氛围，激励员工贡献新思维，并积极投资于研发与技术革新。

6.4.2 持续创造价值：生命周期管理的目标与实现路径

持续价值创造是指企业在其生命周期的各个阶段，通过有效的战略执行、组织优化和资源配置，持续创造并增强经济价值、社会贡献与环境效益，达成企业的长远可持续发展目标。这不仅要求企业关注短期的经济回报，还必须考虑长远的战略规划与社会责任的承担。

1. 深化市场洞察与客户需求理解

企业应持续监测市场趋势，深入理解客户需求与偏好，以及行业竞争者的战略变化。通过市场研究和数据分析，企业能够更精确地定位目标客户群，开发满足市场需求的产品和服务，从而维持市场竞争优势。

2. 加强创新与研发能力

创新是推动企业持续进步的关键动力。企业应增加对研发的投资，建立创新激励机制，激发员工参与创新活动，并加强与高校、科研机构等外部创新伙伴的合作，加快技术创新和成果的转化。同时，企业还应重视商业模式和管理创新的变革，以适应不断变化的市场环境。

3. 优化资源配置与成本控制

高效的资源配置与成本管控是企业实现长期价值创造的核心要素。企业应构建完善的预算管理机制，科学分配资源，保障重点领域的充分支持。同时，借助精细化管理、流程改良与数字化变革等措施，削减运营成本，提升资源使用效率。

4. 构建可持续发展战略

企业应将可持续发展理念融入其战略规划和日常运营中，关注环境保护、社会责任和员工福利等方面。通过实施绿色生产、节能减排、社区参与等举措，企业不仅可以提升品牌形象和社会认可度，还能为社会的可持续发展作出贡献。

5. 强化人才培养与团队建设

人力资源是企业最宝贵的资产。企业必须重视人才培养与团队建设，提供多元化的培训与发展平台，以激发员工的潜力和创新能力。同时，构建一个公正、透明的薪酬与激励体系，确保员工的贡献与所得相匹配，从而提升员工的归属感和忠诚度。

6. 数字化转型与智能化升级

数字化转型已成为企业增强竞争力的关键路径。企业应积极拥抱前沿技术，如大数据、云端运算与智能科技等，以推动业务流程的智能化变革，提高运营效率与决策精准度。同时，借助数字技术优化客户体验，增强客户满意度与忠诚度。

持续发展管理是实现企业长期价值创造的核心策略。企业应持续关注市场动态和技术趋势，灵活调整战略方向和管理模式，以应对不断变化的商业环境，实现更加辉煌的成就。

第7章

情感链接：建立长期的信任关系

作为人际交往中最深层的纽带，情感链接是构建长久信赖基础的关键因素。在迅速演变的现代社会里，仅凭简单的利益交换已无法满足人们对深层次关系的渴望。真正的信任，源于双方情感的共鸣和相互理解，它需要时间的沉淀、耐心的培养以及真诚沟通的共同浇灌，才能孕育出一段坚固且持久的信任关系。

7.1 情感营销：触动心灵的策略

在当前竞争激烈的市场环境中，营销策略层出不穷，然而，有一种策略始终能够穿透喧嚣，直击消费者的内心深处，那就是情感营销。情感营销不仅仅局限于传达产品或服务的信息，它更注重通过情感共鸣来深化品牌与消费者之间的紧密联系。

7.1.1 解锁情感营销，唤醒购买欲望

情感营销的核心在于触动消费者的情感共鸣。在人们的日常生活中，情感无处不在，从喜悦到悲伤，从希望到失望。当品牌能够精准捕捉并传达与消费者相似的情感体验时，便能在消费者心中建立起一种“你懂我”的认同感。这种情感共鸣不仅能加深消费者对品牌的忠诚度，还能借助正面口碑，吸引更多潜在顾客群体。

以比亚迪为例，其广告常常以“梦想”“科技”“创新”为主题，讲述人们通过使用其产品实现个人价值和社会进步的故事。这些广告不仅展示了产品的功能，更重要的是激发了观众对美好生活的向往和追求，从而产生了强烈的情感共鸣。

叙事是人类共有的沟通方式，它能跨越文化和语言的障碍，触动人心。在情感营销策略中，一个动人的故事能迅速缩短品牌与消费者之间的距离，让消费者在聆听故事的过程中，不自觉地接纳品牌所传达的信息与理念。

情感营销的成功，很大程度上取决于品牌能否准确识别并定位目标消费者的情感需求。不同的消费群体，其情感需求差异巨大。比如，年轻人可能更追求时尚、个性与自我表达，而中老年群体则可能更注重家庭的温暖、健康与安全感。

“爱的香气，终生难忘”是阿道夫的宣传口号。这句口号既简洁又充满情感，深刻地展现了品牌的独特魅力和核心理念。它不只是在讲述产品自身的香味，更是在传递一种温馨且持久的情感体验，使客户在使用产品的时刻，仿佛能感受到被爱所环绕，这种体验是如此强烈，以至于让人难以从记忆中抹去。这句口号背后，体现了阿道夫品牌对品质、创新和客户体验的不懈追求。

7.1.2 情感营销实践：应用策略引领市场潮流

1. 社交媒体上的情感互动

作为现代沟通交流的关键平台，社交媒体为情感营销开辟了广阔的天地。品牌能够通过发布充满情感色彩的内容，如节日祝福、励志故事或用户故事分享等，与客户建立情感纽带。同时，借助社交媒体的互动功能，如评论回复、投票活动、直播互动等，品牌能够让客户感受到其温暖和关怀，从而进一步巩固情感链接。

“你爱我，我爱你，蜜雪冰城甜蜜蜜”一首洗脑神曲让蜜雪冰城迅速走红并占据消费者的心智。在新品牌层出不穷、老品牌激烈厮杀的茶饮行业，蜜雪冰城掌握流量密码，细化客户的消费颗粒度，在数字化媒体时代焕发出全新的活力。

蜜雪冰城在其社交媒体平台上，频繁分享客户在店内体验的温馨故事，或是在特定节日推出限定饮品，并鼓励客户自主进行品牌广告扩散式传播。运用这样的激励政策，不仅提升了品牌的情感价值，还激发了客户的参与热情，促进了积极的口碑传播效应。

2. 跨界合作，情感共振

跨界合作是情感营销中一种创新的策略，通过与其他品牌、艺术家或社会活动的合作，共同创造具有情感共鸣的内容或产品，实现品牌影响力的倍增。

2024年，瑞幸咖啡携手《黑神话：悟空》推出联名饮品及周边商品，正式上线了包括“腾云美式”在内的多款产品，以及3款金箍圈杯套、纸袋等精美周边。此外，“腾云美式”在短短1天内销量突破10万份，甚至导致点单系统一度崩溃。由于周边商品的供应量有限，3D限定海报在2小时内便告售罄。此次联名合作不仅凸显了《黑神话：悟空》的强大影响力，同时也展现了瑞幸咖啡在饮品行业的创新力。更为重要的是，它传递了消费者对品质生活的不懈追求。

3. 社会责任与情感营销的结合

品牌承担社会责任，不仅有助于提升品牌形象，还能通过实际行动触动消费者的情感，建立更深层次的情感链接。在自然灾害、环境保护、教育公平等社会议题上，品牌可以通过捐款、志愿服务、环保产品开发等多种方式，展现其社会责任感和人文关怀。

以伊利集团发起的“伊利方舟”公益项目为例，该项目致力于提升儿童的安全意识和自我保护能力。它不仅在全国范围内的学校开展安全教育活动，还通过线上平台分享安全知识，吸引了众多家长和孩子的关注与参与。伊利通过这种方式，不仅履行了社会责任，还加强了品牌与消费者之间的情感纽带，提升了品牌的社会价值。

情感营销是一种巧妙的营销策略。随着消费者情感需求的日益多样化和个性化，品牌需要更加敏锐地洞察市场动态，不断创新情感营销的手段和方法，才能脱颖而出，赢得消费者的心。

7.2 忠诚计划：深化客户绑定

企业若想在客户心中占据一席之地，必须通过有效的策略深化与客户的联系。忠诚计划作为一种广泛采用的营销策略，旨在通过一系列奖励措施和个性化服务，提升客户的满意度与忠诚度，从而激发客户的重复购买意愿和正面口碑推广。

7.2.1 深入了解客户，打造高效忠诚计划

客户忠诚策略是企业为增进客户忠诚度所规划的一系列市场策略的总体。这些计划通常包括积分累积、会员特权、专享优惠及定制化服务等，旨在通过给予客户额外的价值来激励他们与企业保持长期关系。忠诚计划不仅关注客户的初次购买，更注重客户的持续购买和口碑推荐，从而帮助企业建立稳定的客户群。

通过提供专属的优惠和奖励，忠诚计划能够增加客户的转换成本，使他们更愿意继续选择该企业的产品和服务。对企业而言，一个满意的忠诚计划成员往往更愿意向亲朋好友推荐企业的产品和服务，形成正面的口碑效应，企业能够获取更丰富的客户资料与消费记录，为定向推广与定制化服务提供坚实依据。除此之外，忠诚计划中的积分、折扣和优惠券等激励措施能够刺激客户增加购买频率和购买量，从而提高企业的销售额。

在打造高效忠诚计划之前，要先了解忠诚计划的五个基本原则。

1. 忠诚计划的差异化

忠诚计划需提供独特的奖励方案，以区别于竞争对手，并满足不同客户群体的特定需求。

2. 忠诚计划的可持续性

忠诚计划应确保奖励措施的可持续性和成本效益，避免过度投入导致企业负担过重。

3. 忠诚计划的个性化

凭借客户信息提供定制化服务与奖励措施，提升客户的认同感与满意度。

4. 忠诚计划的透明度

忠诚计划的规则和奖励标准应清晰明确，避免引起客户的误解和不满。

5. 忠诚计划的互动性

通过社交媒体、电子邮件等渠道与客户保持互动，及时收集反馈，不断优化忠诚计划。

7.2.2 忠诚计划成功秘诀：策略与方法并行

1. 制定明确的忠诚计划目标

在启动忠诚计划之前，企业必须明确计划的目标，如提升客户保留率、增加客户消费额以及提高品牌忠诚度等。这些目标应与企业的整体战略保持一致，并且具备可衡量性，以便于评估计划的执行效果。

2. 设计多样化的奖励措施

积分系统：客户在购买产品或服务时可积累积分，这些积分可用于兑换礼品、折扣券或享受其他增值服务。积分系统应设定合理的兑换比例和有效期限，以激励客户及时进行兑换。

会员特权：为忠诚计划成员提供专属的优惠、优先服务、免费赠品等特权，如免费升级、专属客服、生日礼遇等。这些尊享权益应彰显客户的尊崇地位，进而提升客户的满意度和忠诚度。

定制化服务：利用客户资料提供个性化服务，如根据客户的消费历史和偏好推送相关产品、设计个性化的解决方案等。专属化服务有助于加深客户的归属感和忠诚度。

合作优惠：与其他品牌或企业合作，为忠诚计划成员提供额外的优惠和奖励，如联名信用卡优惠、合作酒店的特别折扣等。

3. 加强客户沟通与互动

定期沟通：通过电子邮件、短信、社交媒体等渠道定期向忠诚计划成员发送优惠信息、新品推荐、活动通知等，保持与客户的沟通联系。

客户反馈：建立客户反馈机制，收集客户对忠诚度策略的意见和建议，以便灵活调整并优化策略细节。客户反馈是忠诚计划不断进步的关键。

社区建设：打造客户社区，激励客户分享使用体验、参与讨论、贡献创意，从而提升客户的归属感和参与热情。社区的建设有助于激发正面的口碑效应，吸引更多的潜在客户加入忠诚度项目。

4. 评估与优化忠诚计划

数据分析：通过分析客户数据和消费数据，对忠诚计划的执行成效进行评估，涵盖客户保留率、消费增长以及口碑传播效果等方面。这有助于企业识别计划中的潜在问题与机遇，并为策略改进提供坚实的数据支撑。

成本效益分析：对忠诚计划的成本效益进行分析，确保计划的投入与回报相匹配。根据分析结果调整奖励措施、优化客户沟通策略等，提高计划的效率和效果。

持续优化：依据评估结果和客户反馈，不断对忠诚计划的内容、形式和执行策略进行优化。持续优化是确保忠诚计划持续吸引客户并保持竞争力的核心。

创新尝试：在忠诚计划的基本框架内，不断探索新的奖励方案、沟通渠道和互动方式，以适应客户不断演变的需求和期望。创新尝试能够为企业开拓新的增长领域，并带来竞争优势。

综上所述，客户忠诚策略是企业深化客户联系、提升客户忠诚度的关键工具。在企业未来的长期发展中，客户忠诚策略将成为企业核心竞争力中不可分割的一部分。

7.3 社群共鸣：品牌故事的力量

在当今市场，品牌要想脱颖而出，单靠产品效能和价格竞争已远远不够。消费者在挑选品牌时，更多的是在寻求情感共鸣和身份认同。因此，品牌故事成了连接品牌与消费者之间的纽带。通过讲述一个栩栩如生、真实且具有感染力的故事，品牌将能更好地触动消费者的心弦，激发他们的情感共鸣，从而建立起坚固的情感链接。

7.3.1 构建品牌故事，塑造与意义探索

品牌故事并不仅仅是关于产品或服务的起源、发展历程或创新技术的叙述，它更是一种情感和价值观的传递。一个卓越的品牌故事能够深入挖掘品牌的核心价值，并将其与消费者的生活经历、情感需求或价值观相契合，让消费者在聆听故事时能够产生“这就是我”的共鸣。

以华为公司为例，自1987年创立以来，华为始终坚持创新，逐渐从一家名不见经传的小公司成长为全球通信行业的领军企业。创始人任正非曾宣布华为的愿景：“成为一家具有国际竞争力的企业，同时为祖国的繁荣和发展作出贡献。”这一坚定的爱国理念从创立之初就深植于华为企业文化之中。

在构建品牌故事时，企业应遵循品牌故事创作的四大准则。

1. 真实性

品牌叙事必须植根于真实事件或情感，不得虚构。真实的故事更易唤起消费者的情感共鸣，因为它们能让人们从中寻觅到自身的影子或过往经历。

2. 情感化

品牌故事应该注重情感的表达，通过细腻的情感描写和生动的场景再现，让消费者感受到品牌的温度和情感。

3. 价值观导向

品牌故事应当传达品牌的核心理念，这些理念需与消费者的价值观相呼应，以此构建品牌与消费者之间的情感链接。

4. 创新性

在讲述品牌故事时，应该注重创新性的表达方式和叙事手法，让故事更加生动、有趣，吸引消费者的注意力。

品牌故事不仅可以增强品牌认知度，通过讲述品牌故事，可以让消费者更加深入地了解品牌，提高品牌的知名度和辨识度，亦能构筑与他们的情感桥梁。品牌叙事可深入消费者心灵，唤起他们的情感回响，进而在品牌与消费者之间搭建起情感纽带。

综上所述，构建品牌故事是塑造品牌形象的关键策略之一。通过讲述一个栩栩如生、真实且充满感染力的故事，能够激发消费者对品牌的积极和正面看法。一旦消费者与品牌之间建立了深厚的情感纽带，他们更倾向于选择该品牌的产品和服务，并愿意为其传播口碑，进而增强品牌的忠诚度。

7.3.2 社群共鸣：品牌故事的传播与影响

得益于社交媒体和互联网技术的推动，品牌叙事的传播方式及其影响力已经发生了翻天覆地的变化。社群逐渐成为品牌故事传播的关键领域，通过社群营销和口碑传播，品牌故事能够迅速在消费者之间扩散，激发起强烈的共鸣和广泛讨论。

1. 社群营销与品牌故事的融合

社群营销是指利用社交媒体平台、论坛、博客等网络社区，通过内容营销、互动营销等策略，与消费者建立联系并传递品牌信息的一种营销策略。在社群营销中，品牌故事充当了连接品牌与消费者之间的纽带，通过讲述一个生动、真实且富有感染力的故事，能迅速捕获消费者的目光并激发他们的好奇心。

以小米公司为例，它通过社交媒体平台上的社群营销，有效地讲述了其品牌故事。小米不仅通过官方账号发布产品信息、活动预告等内容，还积极与消费者进行实时互动，解答他们的问题，消除他们的疑虑。同时，小米还鼓励消费者分享自己的使用体验和故事，这些故事在社群中得到了广泛的传播和热烈讨论，从而加深了消费者对小米品牌的归属感与忠诚度。

2. 口碑传播与品牌故事的放大效应

口碑传播是指消费者通过口头交流、社交媒体分享等途径，对品牌、产品或服务进行评价和推荐的一种传播方式。在这一过程中，品牌故事发挥着至关重要的作用。一个引人入胜、真实可信且具有感染力的品牌故事能够迅速在消费者之间传播，引发广泛的共鸣和讨论。

以海底捞的发展为例。无论是庆祝生日、纪念日，还是朋友聚会、团队建设，消费者都会想到海底捞。海底捞深知，消费者的满意是企业成长的基石，因此始终致力于满足每位消费者的细微需求，认真倾听每一次真诚的反馈。

客户的口碑宣传对海底捞的发展起到了至关重要的作用。据不完全统计，在过去数次的老客户交流会中，海底捞已采纳客户建议，完成了近500项产品、服务等方面的优化。从防滑鞋的贴心配备，到包间数量的合理增加；从调料工具的持续改进，到儿童餐IP形象的焕然一新，海底捞每一次都能迅速响应客户需求，用实际行动践行"以客户为核心"的服务理念。正是这些点滴努力，汇聚成了海底捞今日的辉煌成就。

3. 社群共鸣对品牌发展的影响

通过社群营销和口碑传播，品牌故事可以迅速在消费者之间传播开来，提高品牌的知名度和辨识度。当消费者与品牌建立起深厚的情感链接后，他们会更愿意选择该品牌的产品和服务，并为其进行口碑传播，从而提升品牌的忠诚度。

社群中的客户会对品牌进行多角度的评价和交流，这些反馈有助于进一步塑造和优化品牌形象。一个积极且正面的品牌形象能够吸引更多的客户关注和喜爱。同时，社群中的客户会不断提出新的需求和创意，这些可以成为品牌创新的宝贵资源。品牌通过倾听客户的声音，理解他们的需求和期望，能够持续推出符合市场需求的新产品和服务。

因此，企业应重视品牌故事的构建与传播，通过讲述一个真实、情感丰富且具有创新性的故事，激发客户的共鸣和忠诚。

7.4 责任与可持续发展：塑造正面形象

在当今全球化与信息化交织的时代，企业的成功不仅仅依赖于其产品和服务的卓越性，更在于其在社会责任方面的表现。担当，如同一面明镜，映射出企业的价值导向、道德准则以及对社会的承诺。一个勇于承担社会责任的企业，不仅能够赢得消费者的信任，更能在激烈的市场竞争中塑造出积极正面的社会形象，为企业的长远发展奠定坚实的基础。

7.4.1 责任——企业形象的基石

在消费者的心目中，一个尽责的企业是值得信赖与依靠的。这种信任不仅源于对产品质量的认可，更源于对企业价值观的认同。当企业展现出对员工福利的关怀、对消费者权益的尊重，以及对环境保护的承诺时，它便在消费者心中树立了诚信、可靠的形象。这种形象一旦形成，便成为企业宝贵的无形资产，有助于提升品牌忠诚度，增强市场竞争力。

责任感不仅体现在企业对外部社会的担当上，也深植于对内部员工的关怀之中。一个负责任的企业，会关注员工的职业发展、工作环境以及福利待遇，努力为员工创造一个公平、和谐、积极向上的工作氛围。这样的企业能够唤起员工的归属感与忠诚度，增强团队的凝聚力与执行力，为企业的创新进步注入不竭的动力源泉。

此外，一个负责任的企业，会积极参与社会公益事业，支持教育、扶贫或环保等社会项目，为社会作出贡献。这种贡献不仅有助于提升企业的社会声誉，更能促进社会的和谐与进步。当企业与社会形成良性互动时，它便能够在社会中树立起良好的口碑，为企业的长远发展创造更加宽松的环境。

在市场竞争日益激烈的今天，一些企业为了追求短期利益，可能会忽视社会责任，甚至作出损害社会利益的行为。然而，一个负责任的企业会坚守道德底线，遵循法律法规，以诚信经营为原则，引领行业向更加健康、有序的方向发展。这种引领不仅有助于提升整个行业的竞争力，更能为社会创造一个公平、公正、透明的市场环境。

7.4.2 可持续发展——企业未来的保障

面对全球气候变化的严峻挑战以及资源日益匮乏的现状，可持续发展已经成为国际社会的共识。对于企业而言，可持续发展不仅体现了对环境的尊重和保护，更是对未来发展市场的重要抢占和战略布局。一个积极实践可持续发展的企业，能够在保护环境、高效利用资源的同时，实现经济与社会效益的双重提升，为企业的长期发展奠定坚实的基础。

1. 可持续塑造绿色形象

在当今时代，绿色、环保已成为消费者瞩目的核心议题。一个致力于可持续发展的企业，会注重产品的环保性能，采用绿色生产方式，减少对环境的影响。这种绿色形象不仅有助于提升企业的品牌价值和市场竞争力，更能吸引更多关注环保的消费者，为企业的长远发展奠定坚实的基础。

2. 可持续推动技术创新

可持续发展的需求推动企业不断追求生态创新，提高资源使用效率，降低生产成本。这种创新不仅有助于企业提升产品质量和服务水平，还能为企业开辟新的增长路径。当企业掌握了绿色创新的核心技术时，它便能在激烈的市场竞争中占据有利位置，实现可持续发展。

3. 可持续优化供应链管理

供应链的持续优化是企业运营的核心环节。一个致力于可持续发展的企业，会构建绿色供应链管理体系，确保从原材料采购到产品销售的每个环节都符合环保标准。这种优化不仅有助于降低企业的环境风险，增强供应链的稳定性，还能为整个行业树立绿色供应链的典范，推动整个产业向更环保、节能的方向发展。

4. 可持续倡导绿色消费

绿色消费已经成为全球消费的新趋势。一个致力于可持续发展的企业，会积极推广绿色消费理念，引导消费者选择环保、节能的产品和服务。这种倡议不仅有助于增强消费者的环保意识，也有利于推动绿色消费市场的形成与扩大，从而为企业开辟更多的市场机会，实现经济与社会效益的同步增长。

5. 可持续促进社会进步

可持续发展不仅影响着企业的长远前景，也影响着全人类的福祉。一个致力于可持续发展的企业，会积极参与社会公益事业，支持环保、教育、扶贫等社会项目，为社会作出贡献。这种贡献不仅有助于提升企业的社会声誉和品牌价值，更能促进社会的和谐与进步，为企业的长远发展创造更加宽松的社会环境。

综上所述，责任与可持续性是企业塑造积极形象、实现长期发展的核心要素。它们要求企业在追求经济利益的同时，关注并解决社会问题，致力于环境保护和资源的高效利用，实现经济、社会、环境三方面的均衡发展。只有这样，企业才能在激烈的市场竞争中稳固自己的地位，赢得客户的信任与支持，为社会的可持续发展贡献力量。

第8章

创新不息：追求卓越的客户体验

在竞争日益激烈的市场环境中，客户对极致体验的期待变得越来越多。他们不仅寻求产品卓越的功能性，还渴望在服务过程中获得情感上的共鸣和个性化的满足。因此，企业必须将创新作为持续的追求，不断探索和实践新的服务模式与技术应用，以确保满足并努力超越客户的期望。

8.1 反馈循环：让每一次服务都有回响

在竞争激烈的市场环境中，优质服务是企业赢得客户信任、塑造品牌形象、实现可持续发展的关键。然而，优质的服务并非一蹴而就，它需要企业不断地倾听、理解并响应客户的需求，通过构建一个高效的反馈循环机制，让每一次服务都能产生回响，从而不断优化服务流程，提高服务质量。

8.1.1 反馈循环揭秘：核心内涵与积极作用

反馈循环，简而言之，是一个从收集客户反馈、分析反馈数据、制定改进措施到再次收集反馈的闭环过程。在这个过程中，企业不断地收集和分析客户对于产品或服务的评价和建议，根据这些信息调整和优化服务策略，随后再次收集反馈，以验证优化举措的实际成效。如此循环往复，形成一个持续改进的闭环。

一方面，反馈循环机制能够显著提高企业服务质量。通过这一机制，企业能够迅速识别服务中的不足之处，并采取针对性措施进行改进，从而提高服务质量。最终，这将提高客户的满意度。及时的反馈和响应让客户感受到企业的关注和尊重，进而提升客户的满意度和忠诚度。

另一方面，反馈循环机制有助于优化产品与服务。客户的反馈往往蕴含着创新的火花，为企业提供了宝贵的客户洞察。通过深入分析客户的建议和意见，企业能够持续优化产品和服务，发现新的市场机会和创新点，推动产品与服务的革新升级，满足客户日益增长的多元化需求。

除此之外，反馈循环机制能够促进产品创新，并提升市场竞争力。卓越的服务是企业赢得市场竞争的关键。利用反馈循环机制，企业能够不断改进服务质量，从而在激烈的市场竞争中脱颖而出。

8.1.2 构建有效的反馈循环机制

1. 明确反馈收集渠道

构建反馈循环机制的第一步是明确反馈收集渠道。企业可以通过多种途径收集客户反馈，如在线调查、电话访问、客户评论和社交媒体等。为了确保反馈的全面性和准确性，企业应选择多种渠道进行收集，并鼓励客户积极参与。

2. 建立反馈分析体系

在收集反馈后，企业需深入剖析并挖掘这些信息。这包括识别反馈中的关键问题和建议，分析问题的根源和影响，以及评估改进措施的成本和效益。为了提高分析效率与精确度，企业可构建反馈评估系统，运用大数据与人工智能技术对反馈数据进行智能化解析。

3. 制定改进措施并落地执行

依据反馈评估的结果，企业需进一步规划具体的优化方案，并指定负责人与完成时限。改进措施应涵盖服务流程优化、产品质量提升及客户服务培训等方面。为了确保优化方案的有效落地，企业还需建立监管机制，定期对优化方案的执行状况进行审视与评估。

4. 再次收集反馈以验证效果

在实施改进措施之后，企业必须广泛地再次收集客户反馈，以验证这些措施的有效性。这可以通过顾客满意度调研和服务评价等方法来完成。通过比较改进措施实施前后的客户反馈，企业能够评估改进措施的效果，并根据评估结果调整和优化服务策略。

5. 建立持续优化的文化

反馈循环是一个持续改进的过程。为了保持这一过程的活力，企业需要建立持续优化的文化。这包括激励员工积极参与反馈的收集与分析工作，激发他们的创新思维和问题解决技能；设立奖励机制，对在反馈流程中表现突出的员工给予认可和奖励；以及定期组织培训和学习交流活动，以增强员工的服务意识和专业技能。

6. 关注客户体验

在构建反馈循环体系的过程中，企业应持续关注客户的体验。这涉及确保反馈收集渠道的便捷性和易用性，以及及时响应和解决客户的问题。通过改善客户体验，企业能够提升客户的满意度和忠诚度，从而为企业赢得更大的市场份额和竞争优势。

7. 加强跨部门协作

反馈循环的运作涉及多个部门和岗位的协同工作。为了确保反馈循环的高效性，企业必须加强跨部门的合作。这包括明确各部门的职责和分工，建立有效的沟通机制，以及定期举行跨部门会议，共同探讨和解决反馈循环中出现的问题与挑战。

8. 利用技术提高反馈循环效率

随着技术的进步，企业可以利用各种技术工具来提高反馈循环的效率。例如，运用大数据与人工智能技术对客户反馈进行智能化分析和洞察；通过社交媒体渠道实时收集并分析客户意见；以及采用客户关系管理系统整合并管理客户信息，从而更精确地捕捉客户需求与问题。

构建有效的反馈循环机制对于提升企业服务质量、增强客户满意度、优化产品与服务、促进创新以及提升市场竞争力具有重要意义。反馈循环机制可以帮助企业快速构建一个高效、敏捷、持续改进的反馈循环机制，进而保证企业在残酷的市场角逐中稳固立足，赢得客户的信任与支持。

8.2 创新引擎：快速迭代与思维革命

在当今时代，创新已经成为企业生存和发展的核心动力。无论是科技行业的巨头还是新兴的创业公司，都在努力寻找创新的机遇，以期在竞争激烈的商业战场上脱颖而出。然而，创新并非一个简单的口号或孤立的行为，它需要一个强大的引擎来推动，这个引擎就是快速迭代与思维革命的完美结合。

8.2.1 快速迭代——创新的加速器

快速迭代指的是在产品开发或服务改进的过程中，通过不断的测试、反馈和调整，以极短的周期进行版本更新，迅速接近最佳解决方案的一种策略。这种策略的核心在于“试错”与“学习”，它鼓励企业以客户为中心，不断尝试、修正，直至找到满足客户需求的最佳方案。

在不断变化的市场环境中，敏捷迭代显得尤为关键。一方面，它使企业能够迅速应对市场变化，及时调整战略，确保产品和服务始终与市场需求保持一致。市场环境变幻莫测，消费者需求也在不断演变。通过敏捷迭代，企业能够敏锐地捕捉市场的细微变化，并迅速调整产品和服务，以满足消费者的新需求。这种灵活性有助于企业在激烈的市场竞争中保持领先地位，持续推出符合市场需求的新产品和新服务。

另一方面，通过持续的试错与调整，企业能够更快地识别并解决潜在问题，优化产品功能，提升用户体验，从而在竞争中获得优势。在敏捷迭代的过程中，企业会不断收集客户反馈，并据此对产品和服务进行改进与优化。这种以客户为中心的迭代方式使企业能够深入理解客户的需求和痛点，从而设计出更符合客户期望的产品和服务。同时，快速迭代也能够促进企业的创新，激发团队成员的创造力和想象力，推动产品和服务持续进步。

实现快速迭代需要一系列策略的支撑。一方面，企业必须构建敏捷团队，确保团队成员之间的高效协作与无障碍沟通。敏捷团队注重快速响应变化和灵活调整策略的能力，通过定期举行会议、分享进展和解决问题，确保团队成员之间的信息流通畅通无阻。另一方面，通过推出最小化可行产品（Minimum Viable Product，MVP），企业可以在低成本、低风险的前提下测试市场反应，收集客户反馈。MVP是一种低成本、高效率的产品开发策略，它能够帮助企业快速验证产品创意，降低市场风险。同时，持续集成（Continuous Integration，CI）与持续部署（Continuous Deployment，CD）技术的应用，能够大幅缩短产品从开发到上线的周期，为快速迭代提供有力的技术支持。

然而，快速迭代并非没有挑战。技术债务的累积、团队沟通成本的增加、客户耐心的有限等问题都可能成为快速迭代的障碍。因此，企业需要建立有效的反馈机制，鼓励团队成员和客户积极提供反馈，并将反馈视为创新的宝贵资源。凭借定期收集并剖析客户意见，企业能够掌握客户对产品的满意程度及改进提议，进而为后续的产品迭代提供指引。同时，定期进行技术重构和优化团队协作流程，也是确保快速迭代高效运行的关键。

8.2.2 思维革命——创新的源泉

思维革命促使企业摒弃传统思维模式，积极接纳新思想、新技术和新方法。企业需以全新的视角审视问题，寻找创新的解决方案。

在快速变化的时代背景下，单纯依靠技术和流程的优化已不足以应对挑战。企业必须从根本上转变思维方式，以激发真正的创新潜能。这需要企业保持对新事物的好奇心和开放态度，愿意接纳和学习未知领域的知识。通过不断学习和探索新技术、新趋势，企业能够保持对市场的敏锐洞察力，抓住创新的机遇。

同时，鼓励跨领域合作，将不同学科、不同行业的知识和技术融合，以产生新的创意和解决方案。跨领域合作能够打破行业壁垒，促进知识和技术的共享与交流。通过与其他行业的合作伙伴共同研发、创新，企业能够更好地开拓新的市场领域，推出更具竞争力的产品和服务。

逆向思维是思维革命的关键环节。从问题的对立面出发，挑战传统假设，常常能揭示新的可能性。例如，在产品设计过程中，企业可以尝试从客户痛点入手，逆向推导产品功能，从而设计出更贴合客户需求的产品。逆向思维能助力企业摆脱传统思维的桎梏，探索创新的解决方案与商业模式。

以客户为中心是思维革命的核心原则。企业必须将客户需求置于首位，通过深入理解客户行为和痛点，寻找创新的突破口。这要求企业建立有效的客户沟通渠道，收集并分析客户反馈，将客户意见融入产品开发的每个环节。只有深入理解客户需求，企业才能更精确地设计出更符合客户期望的产品，提升用户体验和满意度。

思维革命的实践需要一系列策略的支持。首先，企业需要培养创新思维团队，通过团队建设活动、创新工作坊等途径，提升团队成员的创新意识和能力。创新团队是企业创新的中坚力量，通过不断培养团队成员的创新思维和创造力，企业能够持续推出具有竞争力的新产品和新服务。其次，引入外部创新资源，与高校、研究机构、创业公司等建立合作关系，拓宽创新视野。外部创意资源能够为企业带来新的视角与启发，推动企业的创新进程。最后，建立创新激励机制，对提出并成功实施创新想法的团队成员给予物质和精神上的奖励，激发团队的创新活力。

然而，思维革命的过程并非一帆风顺。它要求企业勇于跳出舒适区，面对未知的风险和挑战。这需要企业具备勇气和决心，敢于尝试新的想法和方法，即使面临失败也能够从中吸取教训，不断前行。同时，思维革命亦需企业营造开放与接纳的文化环境，激励员工勇于抒发见解与建议，增进团队间的协作与沟通。

8.3 技术前沿：AI、大数据与区块链的赋能

在当今商业领域，客户体验已经成为企业竞争的核心要素。为了将客户体验提升至极致，企业必须不断探索并应用尖端技术。

近年来，人工智能（Artificial Intelligence，AI）、大数据和区块链技术迅猛发展，逐渐渗透至社会生活的各个领域，从智能制造到智慧城市，从医疗健康到金融服务，它们的应用无处不在。

8.3.1 AI技术的赋能应用

1. AI在客户服务中的创新应用

AI可以全天候响应与超个性化参与。AI驱动的聊天机器人能够随时处理常规咨询，显著提高服务的可及性并大幅减少客户等待时间。这些机器人不仅能提供全天候服务，还能根据客户的偏好定制内容和建议，加强企业与消费者之间的联系，提高转化率。例如，零售巨头Zalando通过其AI助手，让客户在轻松的聊天中就能发现与自己独特风格和需求完美契合的服饰，极大地提升了购物体验和回购率。

AI可以战略洞察与数据驱动决策。通过分析与客户的交互数据，企业能够发现潜在问题、预测趋势，并优化产品或服务。AI技术让企业更深入地理解客户需求，从而制订更精准的营销策略和产品开发计划。例如，亚马逊的AI推荐系统简化了购物者的决策过程，通过提炼共同主题和提供对产品特性和买家评论的即时洞察，帮助消费者节约时间，快速评估产品是否符合其需求。

AI可以高效运营与主动解决问题。利用智能算法自动化日常任务，企业可以释放支持团队，让他们专注于处理更复杂的客户案例，节约成本。同时，AI增强型解决方案能够在问题升级前识别并解决潜在问题，提升客户满

意度。例如，BloomsyBox利用AI聊天机器人引导客户完成有趣的小测验，不仅加深了客户与品牌的联系，还提升了客户参与度，实现了显著的营销效果。

2. AI技术在不同行业的创新实践

在零售领域，家乐福推出的互动助手Hopla能够根据客户的预算、饮食偏好和烹饪创意来推荐产品，帮助客户制订膳食计划，并提供减少食物浪费的方案，支持环保可持续。同时，Hopla还能与零售商的网站无缝链接，实现便捷的购物体验。

在保险领域，Helvetia保险公司通过AI系统实现对客户情绪和语调的动态分析，方便客服人员进一步理解对方需求，并相应调整回应策略。该系统还能为管理者生成沟通服务报告，确定待改进之处，为客服人员提供有针对性的指导，从而提供更好的客户服务。

在汽车领域，奔驰在其新型车载助手中应用了AI技术，系统会自动分析驾驶员的选择和行为，根据交通模式和日常习惯主动推荐路线，甚至还能提供个性化的新闻内容或播放驾驶员喜爱的娱乐内容。

8.3.2 大数据与区块链的深度融合和赋能

1. 大数据技术在客户体验优化中的应用

大数据技术可以实现数据驱动决策与精准营销。大数据技术使企业能够迅速收集和分析大量客户行为数据，从而更精准地洞察客户需求，提升产品的市场竞争力。基于对客户行为倾向的深入理解，企业能够设计定制化的营销方案，以增强营销效果。例如，通过分析客户的消费记录和浏览习惯，企业能够推送更符合客户偏好的优惠信息和产品推荐，进而提升成交率和客户满意度。

大数据技术还可以提供精准的客户画像与个性化服务。大数据技术使企业能够构建详尽的客户画像，涵盖客户的兴趣爱好、购买偏好以及消费习惯等信息。基于这些画像，企业可以提供更加个性化的服务，如定制化的产品推荐和专属优惠。此类定制化服务能有效提升客户的满意度和忠诚度，推动企业的持续发展。

2. 区块链技术在客户体验中的创新应用

区块链技术可以实现数据透明化并构建信任基础。区块链技术通过分布式账本和加密技术，确保了数据的不可篡改性和可追溯性，从而增强了数据的安全性和可靠性。在客户体验方面，区块链技术可以确保交易信息的透明度，从而增强客户对企业的信任。例如，在金融领域，区块链技术可以应用于跨境支付和供应链金融，实现交易的快速结算和全程追溯，提高交易的透明度和安全性。

区块链技术可以实现智能合约与自动化服务。智能合约是区块链技术的关键应用之一，它能够实现合同条款的自动执行，减少人为干预和潜在纠纷。在客户体验方面，智能合约可以优化客户服务流程，如自动化退款和理赔等。这种自动化服务能显著提高服务效率，缩短客户等待时间，增强客户满意度。

区块链技术可以确保数据私密性与合规保障。区块链技术利用加密手段与分布式存储机制，捍卫客户数据的隐私与安全。同时，区块链技术还可以帮助企业遵守相关法律法规，确保数据处理的合规性。在客户体验方面，这种数据隐私和合规性保护能够增强客户对企业的信任感，促进企业的长期发展。

3. 大数据与区块链的深度融合

它们的深度融合可以实现数据共享与协同，推动各部门间的数据流通与整合。这种数据共享和协同能够打破“信息孤岛”，提高数据利用效率，为企业提供更全面的客户画像和更精准的服务。例如，在供应链管控范畴，凭借大数据与区块链技术的联合运用，可以达成供应链信息的全面追溯与共享，提高供应链的透明度与运作效率。

它们的深度融合让数据防变动与信赖度增强。区块链技术的不可更改性能够保障数据的真实性与可靠性。配合大数据技术，企业能够深入剖析并挖掘数据，发掘潜在市场机遇与客户需求。与此同时，区块链技术还能为数据提供可靠的存在支持，防止数据被修改或销毁。这种数据防篡改和可信度提升能够增强客户对企业的信任感，提升企业的品牌形象和市场竞争力。

它们的深度融合可以完成创新业务模式与拓展市场。例如，在金融领域，通过大数据和区块链技术的结合，可以开发出更加便捷、安全的金融服务产品，如数字货币、智能投顾等。这些创新业务模式能为客户提供更多元化、定制化的服务选项，提高客户满意度与忠诚度。

8.4 跨界启示：行业最佳实践的智慧碰撞

在全球化和数字化的浪潮推动下，跨界合作正以前所未有的速度重塑商业生态。不同行业间的智慧碰撞不仅催生了前所未有的创新，也为企业发展开辟了新的道路。

8.4.1 跨界合作的智慧碰撞

跨领域协作已成为驱动各行业发展的关键引擎。通过不断探索和实践跨界合作的新模式和新路径，企业可以创造更多的商业价值和社会价值。

1. 传统与科技的融合：星巴克与阿里巴巴的跨界启示

星巴克，凭借其独特的咖啡文化和卓越的客户服务赢得了全球消费者的青睐。然而，在商业环境快速变化的当下，星巴克并未停滞不前，而是积极寻求与科技巨头的合作，以促进自身的创新和发展。其中，与阿里巴巴的合作堪称科技与传统零售融合的典范。

两家企业的联手始于2018年，星巴克与阿里巴巴麾下的饿了么建立了战略伙伴关系，携手推出了“星巴克外送”服务。这一服务的推出，不仅拓宽了星巴克的销售渠道，使消费者能够在家中或办公室享受到与店内相同的星巴克咖啡，还借助阿里巴巴的大数据与云技术，为消费者带来了更为精确、定制化的服务。例如，基于消费者的购买历史和偏好，星巴克可以推送定制化的优惠活动和新品推荐，从而提升消费者的满意度和忠诚度。

这一合作不仅展示了科技对传统行业的赋能作用，也反映了消费者对便捷、高效服务的追求。在快节奏的生活中，越来越多的消费者倾向于通过手机应用下单，享受送货上门的服务。星巴克与阿里巴巴的合作，正是顺应了这一趋势，将咖啡文化与科技完美结合，为消费者带来了全新的消费体验。

2. 时尚与科技的结合：Nike与Apple的跨界创新

与星巴克和阿里巴巴的合作类似，Nike与Apple的合作也是跨界合作的又一典范。双方共同推出的Nike + Running App与Apple Watch Nike + 等产品，不仅满足了消费者对运动数据的精准监测需求，还通过前沿的设计美学，赢得了众多年轻消费群体的青睐。

Nike + Running App能够记录用户的跑步轨迹、速度和距离等运动数据，帮助用户更深入地了解自己的运动状况，并制订出个性化的运动计划。而Apple Watch Nike + 则是一款融合时尚与功能的智能手表，它不仅拥有普通智能手表的通信、健康监测等功能，还针对运动爱好者进行了特别优化，提供了更为精确的运动数据监测和个性化的运动建议。

这一合作不仅促进了智能运动装备市场的发展，也证明了跨界合作在创造市场需求方面的巨大潜力。通过将时尚元素与科技创新相结合，Nike与Apple成功吸引了大量年轻消费者，推动了智能运动装备市场的快速成长。

3. 文化与旅游的交融：故宫博物院与腾讯的数字化转型

故宫博物院与腾讯的合作，成功地将传统文化与现代科技融合在一起。通过数字化手段，腾讯对故宫的藏品、建筑和历史文化进行了创新性的数字化展示和传播，为游客提供了更加丰富多样的文化体验。

腾讯运用顶尖的数字技术，对故宫的文物进行了精细的扫描和三维建模。这使得游客能够通过智能手机、电脑等数字设备，随时随地欣赏到故宫的宝贵文物。此外，腾讯还开发了多款以故宫为主题的游戏和动画等文化产品，通过教育与娱乐相结合的方式，让更多人了解并热爱故宫的历史文化。

这一合作不仅推动了文化的传承与创新，也展示了数字化在跨界合作中的重要作用。凭借数字化技术让传统文化以更加生动、引人入胜的方式呈现给公众，从而激发了更广泛群体的兴趣和喜爱。

8.4.2 跨界合作的启示与挑战

在新时代商业发展的背景下，跨界合作已成为一条必经之路，它为企业带来了前所未有的机遇，同时也带来了诸多挑战。从星巴克与阿里巴巴的科技与传统的融合，到Nike与Apple的时尚与科技的结合，再到故宫博物院与腾讯的文化与旅游的交融，这些案例都深刻展示了跨界合作的深远意义。

首先，跨领域协作需要双方具备开放的心态和创新的思维。只有打破行业界限，勇于探索新的合作模式和服务形态，才能催生出前所未有的创新成果。星巴克、Nike、故宫博物院等知名企业和部门之所以能够成功实现跨界合作，正是因为它们敢于尝试新的合作方式，将传统产业与前沿科技相结合，创造出全新的消费体验。

其次，跨领域协作要求双方实现优势互补和资源共享。通过技术与资源的共享，可以实现优势互补，从而提高合作的效率和质量，推动双方共同进步。例如，星巴克利用阿里巴巴的大数据和云技术提高了服务品质和运营效率；Nike通过与Apple的合作，将时尚设计与科技功能相结合，增强了产品的市场竞争力。

最后，跨领域协作必须重视用户体验和市场反馈。通过深入了解消费者需求和市场趋势，不断优化产品和服务，可以赢得消费者的信任和忠诚，提升市场竞争力。无论是星巴克的外卖服务、Nike的智能运动装备抑或是故宫的数字化展示，都注重提升用户体验和满足消费者需求，最终赢得了市场的认可。

然而，跨界合作也面临着不少挑战。不同行业之间的文化差异、技术匹配问题、市场竞争风险等都可能成为合作的障碍。

首先，加强沟通与理解至关重要。构建顺畅的沟通桥梁，增进双方的文化交流与理解，降低误解与冲突，有助于双方更精准地把握彼此的需求与期望，从而制定出更契合双方利益的合作策略。

其次，注重技术创新与研发。通过持续加大研发与创新投入，增强双方的技术底蕴与创新能力，为跨领域协作提供坚实支撑。这有助于双方共同应对技术匹配问题，提升合作的技术水平和竞争力。

最后，共同应对市场竞争风险。通过深入分析市场趋势和竞争态势，制定有效的市场策略和风险应对措施，共同应对市场竞争风险。这有助于双方更好地把握市场机遇和挑战，从而制定出更加合理的市场策略和发展规划。

展望未来，随着数字化、智能化等技术的持续演进，跨领域协作将展现出更为丰富多元、创新引领的趋势。企业应保持开放的心态和创新的思维，积极寻求跨界合作的机会和可能性，为自身的可持续发展注入新的活力。同时，企业也需要注重技术创新与研发，提升自身的技术实力和创新能力，以更好地应对市场竞争风险和挑战。

第9章

实践之光：成功企业的客户体验实践

成功企业的客户体验实践，犹如璀璨星辰，照亮了企业追求卓越服务的道路。这些企业不仅深知客户体验的重要性，更通过实际行动诠释了其真谛。它们通过深入洞察客户需求，精心设计服务流程，不断创新服务模式，成功打造了一系列令人瞩目的客户体验典范。

9.1 行业镜鉴：不同行业的服务典范

无论是传统行业还是新兴领域，那些能够深刻理解客户需求、提供卓越服务体验的企业，往往能够赢得客户的忠诚与信赖，从而在市场中脱颖而出。

9.1.1 酒店行业的服务标杆：丽思 · 卡尔顿酒店

作为国际高端酒店的典范，丽思·卡尔顿酒店出色的服务水准早已闻名遐迩。丽思·卡尔顿酒店深知，对于高端酒店而言，客户体验是决定其成功与否的关键。因此，丽思·卡尔顿酒店在客户服务方面投入了大量精力，力求为宾客提供无与伦比的住宿体验。

1. 个性化服务的极致演绎

丽思·卡尔顿酒店凭借其标志性的“我们以尊贵礼遇服务于尊贵宾客”的理念而广受赞誉。在这里，每一位宾客都被视为独一无二的个体，他们的需求和偏好被细致入微地记录并分析。从宾客踏入酒店大堂的那一刻起，他们就能感受到丽思·卡尔顿的个性化服务。无论是客房布置、餐饮选择还是娱乐活动，丽思·卡尔顿都能根据宾客的喜好和需求进行定制，让宾客感受到宾至如归的温馨。

2. 细节之处见真章

丽思·卡尔顿酒店的服务不仅体现在大的方面，更在于那些看似微不足道的细节。例如，客房内的枕头和床垫都是根据宾客的身高与体重进行定制的，从而确保宾客可以享受到最舒适的睡眠体验。此外，丽思·卡尔顿还提供24小时客房送餐服务、私人管家服务等，让宾客在享受奢华住宿的同时，也能感受到家一般的便利和舒适。

3. 情感链接的建立与维护

丽思·卡尔顿酒店深知，情感纽带是构筑宾客忠诚度的核心要素。因此，酒店员工被赋予了极大的自主权，他们可以根据宾客的需求和情绪，灵活调整服务方式和内容，以建立更深层次的情感链接。例如，当宾客过生日时，丽思·卡尔顿会为他们准备精美的蛋糕和贺卡，让宾客感受到来自酒店的关怀和祝福。这种情感链接的建立，使得丽思·卡尔顿酒店不仅仅是一个提供住宿和餐饮的场所，更是一个让人愿意停留、分享和回忆的温馨空间。

9.1.2 航空行业的服务典范：新加坡航空

作为国际知名的航空公司之一，新加坡航空凭借其卓越的服务质量赢得了全球旅客的广泛赞誉。新加坡航空深谙航空旅行对乘客而言，不仅仅是一次简单的位移，更是一次享受和体验的过程。因此，新加坡航空在客户服务上倾注了大量心血，致力于为乘客打造无与伦比的飞行体验。

1. 细致入微的服务细节

新加坡航空的服务从乘客踏入机舱的那一刻便已开始。乘务团队以标准化的礼仪、亲切的笑容和专业的服务技能，为乘客营造出家一般的舒适与温馨氛围。在飞行期间，乘务员会主动了解乘客的需求，询问是否需要枕头、毛毯或调整座椅角度等，确保乘客的舒适感受始终得到关照。除此之外，新加坡航空还提供多样化的餐饮选择，包括国际美食和特色饮品，以满足乘客的多样化口味。

2. 持续升级的卓越服务

新加坡航空在旅客服务领域始终保持着不懈的创新追求。为了提升乘客的飞行体验，它不断引入新技术和新服务。例如，新加坡航空推出了全新的客舱设计，采用更加舒适的座椅和先进的娱乐系统，让乘客在飞行过程中享受更加愉悦的时光。此外，新加坡航空还推出了移动应用程序，乘客可以通过App办理值机、选择座位或是查看航班信息等业务，极大地提升了乘机的便捷性。

3. 妥善应对的危机处理

在航空领域内，应对突发事件的能力是衡量航空公司服务质量的关键指标之一。新加坡航空在危机处理上展现了卓越的专业水平与灵活应变能力。当遇到航班延误、取消或紧急情况时，新加坡航空会迅速启动应急预案，为乘客提供及时的帮助和安排。同时，新加坡航空还会通过社交媒体等渠道，及时向公众通报情况，保持信息的透明度和沟通的有效性。这种妥善的危机处理不仅赢得了乘客的信任和赞誉，也提升了新加坡航空的品牌形象。

无论是丽思·卡尔顿酒店还是新加坡航空，它们都通过细致入微的服务细节、个性化服务的提供以及创新服务的探索，将客户体验做到了极致。这些服务典范不仅为企业提供了宝贵的经验借鉴，也为企业指明了未来发展的方向。

9.2 规模对比：大型企业和小型企业的差异化战略

在激烈的商业竞技场上，大型企业与小型企业各自扮演着不可替代的角色。它们利用各自独特的资源和优势，在客户体验方面实施了差异化的战略。大型企业侧重于资源驱动和体系化建设，而小型企业则通过灵活应变和创新引领脱颖而出。

9.2.1 大型企业：资源驱动，体系化建设

大型企业，依托其雄厚的资金实力、丰富的技术积累和广泛的市场基础，在客户体验方面通常采取资源驱动、体系化建设的策略。它们通过建立完善的客户服务体系、运用先进技术和大数据分析能力，为客户提供更加精准、高效和个性化的服务。

1. 完善的客户服务体系

大型企业通常构建了全面的客户服务架构，这包括售前咨询、交易过程中的服务以及售后支持等多个环节。通过设立专业的客户服务部门和配备经验丰富的客服团队，确保客户在任何时刻都能获得及时且专业的协助。此外，大型企业还建立了客户反馈机制，定期收集和分析客户意见，以持续优化服务流程和提高服务质量，从而提高客户满意度。

2. 先进技术的运用

大型企业因其强大的技术实力和创新能力，能够率先采用先进的技术手段来提升客户体验。例如，利用AI、大数据分析和云计算等技术，大型企业能够精准预测客户需求，并提供个性化推荐，从而提高服务效率和精确度。同时，大型企业还能够利用AR、VR等前沿科技，为客户提供更加沉浸式的服务体验。

3. 大数据分析能力的发挥

在数据的洪流中，大型企业通过收集和分析客户数据，能够深入理解客户需求和偏好，进而提供更加贴合的服务。它们运用数据分析工具对客户行为进行深入挖掘，发现潜在的服务机会和改进点，不断优化服务内容和方式。此外，大型企业还可以通过数据分析来评估服务效果，为持续改进提供坚实的数据支持。

9.2.2 小型企业：灵活应变，创新引领

与大型企业相比，尽管小型企业在资源上可能稍显不足，但它们在客户体验方面却拥有无可比拟的优势。凭借其灵活性、创新精神以及与客户的紧密联系，小型企业能够迅速应对市场动态，提供更加定制化的服务。

1. 灵活应变的市场策略

小型企业规模较小，组织结构相对简化，这赋予了它们快速调整市场策略的能力，以适应不断变化的客户需求。面对市场新趋势或客户需求的转变，小型企业能够迅速调整其产品和服务，确保满足客户的期望。这种敏捷性使得小型企业在提升客户体验方面具有显著的竞争优势。

2. 创新引领的服务模式

小型企业往往展现出强大的创新能力、适应力以及创业精神，它们勇于尝试新颖的服务模式和技术手段，以提供更为独特和个性化的服务。例如，一些小型企业通过社交媒体平台与客户互动，收集反馈意见，并据此及时调整服务策略。同时，它们还通过创新的服务模式，如共享经济、订阅服务等，为客户提供更为便捷和灵活的服务体验。

3. 紧密的客户联系

小型企业通常能够与客户建立更为紧密的联系，形成深入且持久的合作关系。通过定期与客户沟通，了解需求和反馈，小型企业能够持续优化服务内容和质量，从而提高客户满意度。此外，通过建立客户社群，小型企业还能促进客户间的互动与分享，进一步提升客户忠诚度和品牌影响力。

4. 利用有限资源创造最大价值

尽管资源有限，小型企业却能巧妙地运用这些资源，创造出最大的客户

价值。例如，通过精确的目标客户定位，小型企业能够将有限资源投入最有可能带来回报的客户群体上，从而提高服务的效率和效果。同时，它们还可以通过与合作伙伴共享资源、降低成本，为客户提供更具性价比的优质服务。

在追求极致客户体验的道路上，大型企业和小型企业各有千秋。面对市场竞争的白热化与客户需求的日新月异，大型企业和小型企业需不断调适与优化客户体验策略，以适应市场的变化和满足客户的期望。同时，它们还需要加强合作与交流，共同推动客户体验行业的创新与发展，为客户提供更加卓越的服务体验。

9.3 流程优化：高效客户体验打造策略

客户体验，作为衡量企业服务质量与竞争力的核心指标，其重要性日益凸显。如何以更加高效、贴心的方式服务客户，成为企业持续成长与创新的关键之一。

企业必须深入理解客户需求，通过创新的服务模式和解决方案，不断超越客户的期望，从而在激烈的市场竞争中脱颖而出。

9.3.1 流程诊断与再设计：从源头提高效率

在追求极致客户体验的道路上，流程优化是不可或缺的一环。一个高效、流畅的服务流程不仅能够显著提升客户满意度，还能为企业带来更高的运营效率和成本优势。然而，欲达成此目标，首要之举便是对企业现行的服务流程实施全面的审查与重构。

1. 全面流程审查：识别瓶颈与痛点

服务流程改进的首要步骤是对当前服务流程实施全面审查。企业应组建跨部门团队，从客户接触点到售后服务，对每一个服务环节进行细致分析。通过问卷调查、客户访谈与内部员工反馈等多种方式，收集客户在体验过程中的不满和抱怨，以及内部员工在提供服务时遇到的困难和挑战。这些反馈将成为识别流程瓶颈和痛点的重要依据。

在审查过程中，企业应采用量化指标来评估流程效率，如响应时间、处理时间以及错误率等。同时，也要关注客户体验的定性指标，如满意度、忠诚度、推荐意愿等。通过综合评估，企业可以明确哪些环节需要改进，哪些流程需要优化或重构。

2. 流程再设计：简化与标准化

基于流程审查的结果，企业应对识别出的瓶颈和痛点进行再设计。再设计的目标是通过简化操作、减少冗余步骤、优化信息传递等方式，提高流程效率，同时确保服务质量的稳定。

在流程再设计中，企业应注重标准化。标准化不仅可以确保服务的一致性和可靠性，还能降低培训和运营成本。企业应制定详细的操作手册和流程图，明确每个步骤的操作标准、责任人和时间要求。同时，通过定期的培训和考核，确保员工能够熟练掌握标准流程，为客户提供高质量的服务。

3. 客户参与：共创服务流程

在流程优化的过程中，客户的参与是至关重要的。企业应主动邀请客户参与服务流程的设计与优化，以深入理解他们的实际需求和期望。通过收集客户反馈和开展共创活动，企业能够更精确地掌握客户需求，从而设计出更符合客户期望的服务流程。

此外，企业还应建立客户反馈机制，定期收集客户对服务流程的意见和建议。通过持续的改进和优化，企业能够不断提高服务流程的效率和客户体验的水平。

4. 绩效考核与激励机制：保障流程执行

为了确保优化后的流程得到有效执行，企业需要建立一套合理的绩效评估体系和激励机制。通过设定清晰的绩效目标和考核标准，定期对员工的服务质量和流程执行情况进行评估。同时，通过实施奖励和惩罚措施，激发员工的积极性和责任感，确保流程优化的成果能够得到巩固和持续发展。

9.3.2 技术应用与自动化：科技赋能高效服务

随着科技的飞速发展，尖端技术正以前所未有的速度改变着人们的日常生活和工作方式。在客户服务领域，智能客服系统、流程自动化工具以及数据分析与可视化技术等先进技术的引入，正逐步重塑着服务流程，为企业带来前所未有的效率和竞争力。

1. 智能客服系统：提升响应速度与准确性

随着AI技术的快速进步，智能客服系统已经成为提高客户服务效率的关键工具。利用自然语言处理、机器学习等技术，智能客服能够自动识别并回答客户的常见问题，显著减少响应时间，提高客户满意度。

企业应积极采纳并优化智能客服系统，结合自身业务特点，定制适合自己的对话流程和服务话术。通过持续的数据监控和模型优化，不断提高智能客服的准确性和智能水平。同时，企业还应关注智能客服系统的客户体验，确保客户能够轻松、便捷地与企业进行互动。

2. 流程自动化工具：减少人工干预与错误

流程自动化工具助力企业实现服务流程的自动化，减少人工干预和错误。借助自动化工具，企业能够将诸如数据录入、邮件发送、任务分配等重复性任务自动化，从而不仅提高处理效率，还能降低人为错误的发生概率。

在挑选流程自动化工具时，企业应重视工具的易用性、稳定性和安全性。同时，企业需要根据自身实际需求定制自动化流程，确保工具能够发挥其最大效用。此外，企业还应定期对自动化工具进行维护和升级，以保证其稳定性和持续改进。

3. 数据分析与可视化：精准决策与持续改进

数据分析与可视化工具使企业能够更深入地理解客户需求和市场动向，为服务流程的优化提供精确的数据支持。利用这些工具，企业能够对客户数据、服务数据、市场数据等进行深入的挖掘与分析，从而发现潜在问题、识别改进的机会。同时，借助可视化平台，企业能够将复杂的数据转化为直观的图表和报告，帮助管理层迅速理解数据背后的含义，作出更为明智的决策。

在服务流程优化的过程中，企业应充分利用数据分析与可视化工具，对流程进行持续的监控和改进。通过定期的数据分析和可视化展示，企业能够识别流程中的问题和瓶颈，并及时采取措施进行优化。此外，企业还应重视数据的时效性和准确性，以确保决策的科学性和有效性。

服务流程的优化是增强客户体验的关键途径。在未来的发展中，企业应持续关注流程优化的前沿趋势和技术创新，不断探索和实践，为客户带来更加卓越的服务体验。

9.4 经验萃取：成功要素与失败教训

无论是在线上还是线下，企业都在不懈努力提升服务品质，以满足消费者日益增长的期望。然而，成功并非一朝一夕之事，它要求企业在实践中不断积累经验，提炼成功的关键因素，同时从失败中吸取教训。

9.4.1 构建卓越客户体验的基石

在当前这个以客户为中心的商业时代，卓越的客户体验已经成为企业脱颖而出的关键竞争力。它不仅涉及产品的质量和服务的效率，更是一种全面、多角度的体验感受，深植于企业与客户每一次的互动之中。成功的企业明白，要在激烈的市场竞争中稳固自己的地位，必须深入挖掘并准确掌握那些能够触动客户内心的关键因素。

1. 深入了解客户需求

所有卓越服务的根基，都源自对客户的深切洞察。企业需要通过多种渠道，比如市场调研、客户反馈、数据分析等，持续收集并分析客户偏好、痛点及期望。例如，Netflix通过先进的推荐算法，精准捕捉客户的观影偏好，为其提供了个性化的内容推送，极大地提升了客户体验。深入了解客户需求，意味着企业能够预见并满足客户的潜在需求，从而在竞争中占据先机。

2. 个性化服务

个性化服务是提升客户体验的关键策略。它要求企业根据客户数据，提供个性化产品或服务。例如，蜜雪冰城通过买一送一、限时折扣、积分兑换等吸引了众多客户。同时，它还赋予会员很多特权，包括会员日优惠、生日礼物和专属优惠等，这些特权增强了客户的归属感和忠诚度。个性化服务不仅限于产品本身，还应贯穿于整个购买流程，从售前咨询到售后服务，每一个环节都应体现对客户的独特关怀。

3. 无缝链接的多渠道体验

随着数字时代的到来，客户期望在任何时间、任何地点都能获得一致且高质量的服务体验。因此，企业需要构建一个无缝链接的多渠道服务网络，涵盖网站、移动应用、实体店、社交媒体等各个领域。京东就是一个典型例子，无论客户是在个人电脑端浏览商品，还是在移动端下单，或是通过语音助手查询物流信息，都能享受到流畅、统一的服务体验。这种全渠道整合，确保了客户在不同触点上的体验连贯性，增强了品牌的整体形象。

4. 高效响应与解决问题的能力

面对客户的疑问或不满，企业能否及时回应并妥善处理，直接关乎客户的满意度与忠诚度。Zappos以其卓越的客户服务著称，即使面对退货请求，也坚持提供无条件退换货服务，并通过快速响应和友好沟通，将负面体验转化为正面口碑。高效响应与解决问题的能力，体现了企业对客户价值的尊重，也是构建长期信任关系的基础和关键所在。

5. 持续创新与迭代

在快速变化的市场环境中，企业需保持对新技术、新趋势的敏感度，不断进行创新尝试。华为公司通过持续推出革命性产品，如智能手机、平板电脑、汽车等，不仅引领了行业潮流，也极大地提升了用户的数字生活品质。创新不仅限于产品本身，还包括服务模式的创新，如通过AI技术优化客户服务流程，提高服务效率。

9.4.2 规避客户体验中的陷阱

在追求卓越客户体验的征途上，企业不可避免地会遇到挑战与挫折。这些看似不完美的瞬间，实则是企业成长道路上不可或缺的宝贵财富。它们如同一面镜子，映照出企业在服务设计、执行及优化过程中的盲点与不足。

1. 忽视客户反馈

许多企业在初期投入大量资源建立客户反馈机制，但随着时间流逝，这些机制常常变得名存实亡，客户的声音在浩瀚的数据海洋中被忽略。忽视客户反馈，意味着丧失了改善服务的机会，长期下去，可能会导致客户满意度降低，品牌忠诚度减弱。企业应构建有效的反馈收集与分析体系，确保每一条建议都能得到认真考虑，并转化为具体的行动。

2.过度自动化导致缺乏人情味

在追求效率的过程中，一些企业过度依赖自动化客服系统，严重忽略了人际互动的价值。尽管自动化可以提高处理速度，但缺乏人情味的沟通往往让客户感到冷漠和疏远。例如，某些银行的在线客服系统，虽然响应迅速，却因缺少个性化的情感交流，使得客户体验大打折扣。企业应寻求自动化与人性化服务之间的平衡，确保在提高效率的同时，保留必要的情感联系。

3.不一致的服务标准

服务品质的不统一，是企业客户体验中的一大瑕疵。无论是线上还是线下，客户都期望获得一致且高质量的服务体验。然而，一些企业在扩张过程中，由于管理不善或培训不足，导致服务质量参差不齐。这不仅损害了企业的品牌形象，也削弱了客户的信赖感。企业须建立统一的服务标准，并通过持续的培训和监督，确保所有员工都能提供符合标准的服务。

4.缺乏透明度和诚信

在资讯时代，透明度与公信力是企业获取客户信赖的基石。隐瞒产品信息、夸大宣传，以及不透明的定价策略等行为，都会严重损害企业声誉。例如，某些电商平台曾因售卖假货、虚假促销等问题，引发消费者广泛不满。企业应坚持诚信经营，主动公开产品信息、服务流程、价格政策等，建立与客户的信任桥梁。

5.忽视细节，导致体验断层

客户体验的每一个细节都至关重要，从产品包装到交付方式，从网站设计到客服态度，都可能成为影响客户满意度的关键因素。很多时候，即使其他方面做得再好，也可能因为一个小小的疏忽，导致客户体验出现断层。企业应培养全员关注细节的文化，确保从产品设计到服务执行的每一个环节，都能体现对客户的细致关怀。

构建打造卓越的客户体验，既是一门技艺，也是一项综合性的工程项目。它要求企业不仅要具备敏锐的市场感知力，还需拥有快速响应与持续革新的能力。同时，企业还需从失败中吸取教训，不断优化服务流程，提升服务质量。在这个过程中，企业应始终秉持对客户的敬重之心，将“以客户为中心”的原则融入企业发展的每一个环节，唯有如此，方能在激烈的市场角逐中，赢得客户的持久信赖与支持。

第10章

行动指南：绘制你的客户体验蓝图

绘制客户体验蓝图，是企业开启卓越服务旅程的关键。在这个以客户为中心的时代，一个清晰、全面且富有创意的客户体验蓝图，将成为企业赢得市场竞争的利器。它不仅有助于企业深入洞察客户需求与期望，还能指导企业设计并实施高效、个性化的服务策略，从而在客户心中树立起独特的品牌形象。

10.1 自我审视：现状评估与定位

在当今这个竞争激烈的商业环境中，客户体验已经成为企业成功的关键因素。它不仅关系到企业的品牌形象和市场地位，还直接影响客户的忠诚度以及企业的持续发展。为了将客户体验提升到最高水平，企业必须从内部开始自我审视，通过现状评估和精准定位，深入探索自身的优势和劣势，明确改进的方向和重点。

10.1.1 现状评估：深入剖析，发现潜在机遇

现状评估是企业自我审视的起始步骤，它要求企业全面且客观地审视自己在客户体验方面的表现。这一过程不仅仅是简单的自我反思，而是需要运用多种工具和方法，深入挖掘潜在的问题和机遇，为接下来的改进工作提供坚实的基础。

1. 数据分析：量化评估，直观呈现

数据分析是现状评估的重要工具。企业能够通过收集和分析客户满意度、忠诚度、努力得分以及流失率等关键指标，实现对客户体验现状的量化评估。这些衡量标准直观地揭示了客户对产品及服务的满意程度，以及企业在客户心目中的定位。

以客户满意度（Customer Satisfaction，CSAT）为例，它是衡量客户对产品或服务满意程度的核心指标。企业通过问卷调查或在线评价收集大量客户满意度数据。若数据显示客户满意度不高，则需深入分析原因，识别问题所在，并迅速采取措施进行改进。

客户忠诚度又称净推荐值（Net Promoter Score，NPS），同样是评估客户体验的关键指标。通过询问客户是否愿意推荐产品或服务给他人，企业可以

衡量客户的忠诚度。若忠诚度低，表明企业在客户心中的地位不稳固，需加强与客户的沟通和互动，以提升客户的满意度和忠诚度。

客户努力得分（Customer Efforts Score，CES）和客户流失率（Customer Churn Rate，CCR）等其他指标，也为企业的决策提供了重要参考。客户努力得分显示了客户在解决问题或获取服务时所需的努力程度。若得分较高，表明服务流程或产品设计存在问题，需要优化和改进。客户流失率则直接反映了客户流失的情况，若流失率高，说明企业在客户保留方面存在缺陷，需要采取措施以留住客户。

2. 客户反馈：聆听心声，洞察需求

除了数据分析，企业同样需要重视客户反馈。客户的声音是企业改进服务、提升体验的关键参考。企业可以通过多种途径获取客户反馈，包括在线评论、客服热线以及社交媒体平台等。这些反馈往往能够揭示数据背后更深层次的问题，如客户需求的变化、服务流程的复杂性等。

在收集客户反馈的过程中，企业应保持开放接纳的态度，认真聆听客户的意见。无论是正面的赞扬还是负面的批评，都应被视为宝贵的资产。通过深度剖析客户反馈，企业能够发掘潜在的问题与机遇，为后续的优化提供坚实的支撑。

例如，一些客户可能会提出产品功能不足或服务质量需提升等反馈。这些反馈可能表明企业在产品设计和服务流程方面存在缺陷，需要进一步的优化和改进。同时，这些反馈也可能为企业揭示新的市场机遇，如开发新的产品功能或提供更具竞争力的服务。

3. 内部流程审查：优化流程，提高效率

内部流程检视是现状评估中不可或缺的一环。企业需审视当前的客户服务流程，识别可能导致客户体验受损的环节。这包括员工的培训情况、技能水平以及技术系统的运作效率等。通过内部流程审查，企业能够优化服务流程，提高整体运营效率和服务质量。

在审查内部流程时，企业需关注以下几个方面：首先，员工是否具备提供卓越服务的能力；其次，服务流程是否顺畅、高效；最后，技术系统是否稳定、可靠。若员工缺乏必要的技能和知识，企业需加强培训和教育；若服务流程复杂烦琐、效率低下，企业需对流程设计进行优化；若技术系统存在问题，企业须升级或更换系统。

4. 竞争对手分析：知己知彼，百战不殆

行业竞品分析是现状评估的关键环节。企业需掌握竞争对手在客户体验领域的表现，识别出自身的短板与不足。这有助于企业规划出更具竞争优势的定位策略，增强客户体验的竞争力。

10.1.2 定位策略：精准定位，明确发展方向

在完成现状评估后，企业需要制定明确的定位策略，确定提升客户体验的具体方向和重点。这一过程需要综合考虑企业资源、客户需求和市场环境等多个因素，确保定位策略的合理性和可行性。

1. 企业资源评估：合理配置，发挥优势

在规划定位策略之前，企业需对自身的资源条件进行综合评估。这涵盖人力资源、财务资本及技术设施等方面。这些资源的有效配置将直接对定位策略的执行成效产生影响。

在人才资源层面，企业需要评估员工的数量、专业技能及发展潜力。如果员工数量不足或技能水平不高，企业就需要加强招聘和培训，进一步提升员工的整体素质和能力。在财务资源方面，企业需要评估可用于客户体验提升的预算和资金来源。若财务预算有限，企业则需优化资源配置，确保资金能够精准投入关键领域。在技术资源层面，企业应评估当前的技术支持系统能否满足客户需求。如果技术系统存在不足，企业就需要升级或更换系统，提升技术支持能力。

2. 客户需求分析：深入了解，精准定位

客户需求是制定定位策略的核心。企业需透彻把握客户的诉求与期望，确保战略定位能贴合客户的愿望与需求。这要求企业与客户保持紧密的联系，通过市场调研、客户访谈等方式，收集和分析客户的需求信息。

在进行客户需求分析时，企业需要注意三大方面：一是客户的需求特点，二是客户的购买行为和偏好，三是客户的期望和痛点。通过细致挖掘客户需求，企业能够洞察潜在的市场契机与改进路径。例如，有些客户可能更注重

产品的性价比或服务质量，企业就可以在这些方面下功夫，提升产品的竞争力。

3. 市场环境分析：把握趋势，抢占先机

市场环境的变化同样会对企业定位策略的制定产生影响。企业应密切关注市场的发展态势与竞争格局，掌握竞争对手的市场定位与策略。这有助于企业把握市场脉搏，抢占先机，制定具有前瞻性和竞争力的定位策略。

在进行市场环境分析时，企业应着重关注以下三个方面：一是市场的成长趋势与未来展望，二是竞争对手的市场地位和影响力，三是政策法规的变动及其影响。通过深度剖析市场环境，企业能够发掘潜在的市场机会与挑战，为后续的优化提供坚实的支撑。

4. 制订并实施计划：明确步骤，确保落地

企业需要制订具体的实施计划，明确提升客户体验的具体步骤和时间表。这有助于保障战略定位能够顺利推进，并取得既定的成效。

自我审视是提升客户体验的关键所在。通过现状评估和精准定位，企业能够全面了解自身的优势和不足，明确改进的方向和重点。这将为企业制定切实可行的定位策略提供坚实的支撑，推动企业在激烈的市场角逐中崭露头角，实现持续稳定的发展。

10.2 目标设定：短期与长期愿景

在追求卓越客户体验的征途上，明确且切实可行的目标设定是至关重要的一步。无论是短期的即时改进，还是长期的战略规划，企业都需要精心策划，确保每一步都朝着提升客户满意度的方向迈进。

10.2.1 短期目标：快速响应与即时改进

短期目标，顾名思义，是指企业在较短时间内，如季度、半年或一年内，需要实现的客户体验提升目标。这些目标通常聚焦于快速响应客户需求、解决当前存在的问题以及及时改进服务流程等方面。设定短期目标有助于企业迅速采取行动，提升客户满意度，同时为长期愿景的实现奠定坚实的基础。

1. 快速响应客户需求

在数字化浪潮的推动下，客户对响应速度的期望日益增长。企业必须构建高效的客户反馈机制，确保每个客户需求或投诉都能得到迅速回应。在设定短期目标时，企业可以明确具体的响应时间，如“保证24小时内回复所有客户咨询”或“确保48小时内解决客户问题”。这些明确的响应时间不仅提高了企业的服务效率，也让客户感受到他们的需求被重视和尊重。

为了达成这一目标，企业可以优化客户服务流程，如引入智能客服系统以提高自动回复率；或者对客服团队进行专业培训，增强他们的服务意识和解决问题的能力。同时，建立客户反馈跟踪机制，确保每个问题都得到妥善处理，并收集客户反馈以不断改进服务。

2. 解决当前存在的问题

通过现状评估，企业可能已经发现了一些影响客户体验的关键问题。设定短期目标时，企业可以针对这些问题制订具体的解决方案，并设定明确的解决期限。例如，如果数据分析表明产品质量是导致客户不满的主要因素，企业可以设定“在接下来的3个月内，将产品质量投诉率降低20%”的目标。

为了实现这一目标，企业需要深入分析产品质量问题的根源，从产品设计、原材料采购、生产制造到售后服务等各个环节进行彻底排查和改进。同时，加强与客户的沟通，精确理解他们的实际需求与期望，以便更有效地满足他们的要求。

3. 即时改进服务流程

服务流程的优化是提升客户体验的核心途径。在设定短期目标时，企业应聚焦于那些对客户体验有重大影响的关键流程，如订单处理、物流配送以及售后服务等，并确立明确的改进目标。例如，“在接下来的2个月内，将订单处理时间缩短30%”或者“在接下来的半年内，将售后服务满意度提升至90%以上”。

为了达成这些目标，企业必须对现行流程进行彻底的审视，识别并消除瓶颈和不必要的环节。同时，引入先进的流程管理工具和方法，如精益生产或六西格玛等策略。此外，加强员工培训，提高他们对流程的理解和操作技能，确保新流程能够顺畅执行。

10.2.2 长期愿景：持续创新与卓越体验

长期愿景是企业对未来发展的宏伟蓝图与期望。在客户服务领域，长期愿景通常聚焦于持续创新、构建卓越的客户体验以及建立稳固的客户关系等方面。设定长期愿景有助于企业保持敏锐的市场洞察力，不断引领行业潮流，为客户提供超越期待的服务。

1. 持续创新

创新是企业发展的不竭动力。在设定长期愿景时，企业应将创新作为核心战略之一，致力于在产品设计、服务流程、技术应用等方面实现突破。例如，“在未来5年内，成为行业内的创新领导者，每年推出至少2项具有颠覆性的产品或服务”。

为了实现这一目标，企业需要建立创新文化，鼓励员工勇于尝试和冒险；同时，深化与科研单位、高等学校等外部机构的合作，吸纳更多的创新要素。此外，还需要密切关注市场动态和竞争对手的动态，以便及时捕捉创新机会。

2. 构建卓越的客户体验

卓越的客户体验是企业赢得客户忠诚与好评的核心。在设定长期愿景时，企业应将构建卓越的客户体验作为核心目标之一，致力于在客户满意度、忠诚度、口碑等方面实现行业领先。例如，“在未来10年内，成为客户体验最优秀的企业之一，客户满意度持续保持在95%以上”。

为达成此目标，企业需深入洞察客户的需求与期望，持续改良产品与服务以契合其需求；同时，加强与客户的交流与互动，构建坚实的客户关系基础。此外，还需要建立客户体验评估机制，定期对客户体验进行量化评估和改进。

3. 建立稳固的客户关系

稳固的客户关系是企业持续稳健发展的基石。在设定长期愿景时，企业应将建立稳固的客户关系作为核心目标之一，致力于提升客户的忠诚度和复购率。例如，“在未来5年内，实现客户忠诚度提升至90%以上，复购率提高至80%以上”。

为了实现这一目标，企业需要加强客户关系管理，建立客户档案和数据库，以便更好地了解客户的需求和偏好；同时，通过提供定制化的服务与优惠举措，加深客户的归属感与忠诚度。此外，还需强化客户服务团队建设，提升其服务观念与专业能力，以保障为客户提供卓越的服务体验。

在设定短期与长期目标时，企业需要注意四点：一是确保目标具备可量化性与可行性；二是将目标分解为具体的行动计划和任务；三是构建有效的监督与评估体系，定期对目标达成状况进行审视与调整；四是加强团队协作和沟通，确保每个部门和个人都明确自己的职责和使命。

10.3 资源配置：团队与工具优化

在当今时代，打造卓越的客户体验已经成为企业成功的关键要素之一。为了实现这一目标，企业需要从多个方面着手，其中资源配置，特别是团队与工具的优化，是至关重要的环节。

10.3.1 打造高效团队：提升服务品质的关键力量

在追求卓越客户体验的道路上，团队建设显然是最坚实的基石。以人才为核心，意味着企业不仅要关注团队的整体效能，还要重视每位成员的潜力和价值。从精心挑选人才到持续的培训计划，再到推动高效的团队合作，每一步都是为了打造一支既高效又专业，且充满创造力的服务团队。

1. 选拔与培训：打造专业团队

打造高效团队的首要步骤是选拔恰当的人才。企业需要明确岗位需求，通过严格的筛选机制，选拔出具备良好沟通能力、专业素养和团队合作精神的员工。同时，企业应重视员工的培训工作，确保每位员工都能熟练掌握产品知识、服务流程和沟通技巧。通过定期的培训和考核，不断提升员工的专业能力和服务水平，使他们可以在面对客户时表现出色。

为了提升培训效果，企业可以采用多种培训方式，如线上课程、实战演练和案例分享等。此外，还可以邀请行业专家举办讲座，为员工提供与行业前沿接轨的学习机会。经由全面的培训，员工能够持续提升个人的综合能力，给客户提供更加出色的服务。

2. 设立团队协作与激励机制

高效的团队合作是增强客户体验的重要支撑。企业应设立明确的岗位职责和协作流程，确保各部门之间能够无缝衔接，共同为客户提供全方位的服务。通过定期举行团队协作会议，分享成功案例和失败教训，加强团队成员间的沟通与合作，从而提高团队的整体效能。

此外，适宜的激励机制是激发员工积极性和创造力的关键。企业可依据员工的工作表现，设立明确的奖励体系，如绩效奖金、晋升机会、荣誉称号等。利用这些激励措施，点燃员工的内在激情，促使他们更加专注地投入工作，进而为客户提供更优质的服务。

3. 强调以客户为中心的组织文化

组织文化对团队效能的提升具有深远影响。企业应倡导以客户为中心的组织文化，确保员工深刻理解客户体验的重要性。通过举办组织文化活动、分享客户故事、表彰杰出员工等手段，营造以客户为中心的工作环境，使员工在工作中始终关注客户需求，致力于提升客户体验。

同时，企业应鼓励员工提出改善客户体验的建议和意见，并为员工的创新思维提供必要的支持和资源。通过员工的积极参与和企业的助力，共同推动客户体验的持续改进。

4. 多元化与包容性

在构建高效团队的过程中，企业必须重视培育多元化和包容性的企业文化。通过吸纳具有不同背景、专业技能和文化观念的员工，企业能够增强团队构成的多样性，进而提升团队的创新力和适应力。同时，企业应尊重每位员工的个性差异，确保他们享有平等的发展机会和资源，从而营造一个包容、和谐的工作环境。

一个多元化和包容性的团队更能深入理解不同客户的需求和偏好，为他们提供更加个性化和贴心的服务。此外，这样的团队还能激发创新思维，为企业开拓更多的发展机会和竞争优势。

10.3.2 运用尖端工具：提高服务效率与质量的关键

1. CRM系统

CRM系统是企业优化客户体验的关键工具。借助CRM系统，企业能够整合客户信息，实现客户数据的统一管理与深入分析。通过CRM系统，企业能够掌握客户的购买历史、偏好及需求，为客户提供个性化服务与推荐。同时，CRM系统还能助力企业追踪客户反馈与投诉，迅速识别并解决客户问题，从而提升客户满意度与忠诚度。CRM系统的数据分析功能使企业能够挖掘潜在商机，优化销售策略，增强市场竞争力。

2. 人工智能技术与自动化工具

人工智能技术与自动化工具的结合，能显著提高企业的服务效率与质量。例如，通过智能客服机器人，企业能够提供全天候的客户服务，迅速响应客户咨询和投诉。智能客服助手能够处理大量常规咨询，给予客户快速且精准的回应，减轻人工客服的工作压力。同时，企业可以借助自动化工具进行客户数据分析、营销策略的制定等。自动化工具的应用使企业能够更精准地洞察客户需求与市场趋势，为客户提供更优质的服务与产品。

3. 社交网络平台

社交网络平台已经成为企业与客户沟通的关键渠道。企业可以利用社交网络平台，与客户进行即时交流，了解客户的反馈和需求。通过社交网络平台，企业能够发布产品信息、促销活动、客户故事等内容，从而加强与客户的互动和提高客户忠诚度。此外，企业还可以借助社交网络平台的数据分析工具，洞察客户的兴趣偏好和行为模式，为精准营销和提供个性化服务提供数据支持。社交网络平台的广泛应用，使企业能够更深入地洞察客户需求，进而优化客户体验。

4. 数据分析与智能决策

数据分析与智能决策是企业优化资源配置、提升客户体验的核心战略。通过收集和分析客户数据、市场数据以及企业内部数据，企业能够洞察客户需求和市场动向，为产品开发和营销策略的制定提供坚实的数据支撑。此外，企业亦可借助数据分析工具实现客户细分、预测客户行为等任务。应用数据分析与智能决策，企业能够更精确地捕捉市场机遇和客户需求，从而为客户提供更高质量的产品和服务。

10.4 监测评估：效果追踪与调整

在追求极致客户体验的征途中，监测评估环节发挥着至关重要的作用。它不仅有助于企业精确衡量当前的服务水平，还能指引未来的改进方向，确保每一次服务都能满足并超越客户的期望。下面将深入探讨如何通过有效的监测评估机制，包括效果追踪与适时调整，来持续优化客户体验。

10.4.1 效果追踪：构建全面的监测体系

在客户体验管理的过程中，监测评估是确保策略有效实施与持续改进的关键环节。一个全面的监测体系能够帮助企业实时掌握客户体验的动态，识别服务中的亮点与不足，从而精准施策，不断推动客户体验的升级。

1. 设定明确的评估指标

所有监测评估的起点，都在于设定清晰且可量化的评估指标。这些指标应与客户体验的各个方面紧密相关，包括满意度、忠诚度、响应时间、问题解决率等。企业需要根据自身的业务特点和客户期望，仔细挑选并定义这些指标，以确保它们能够真实反映情况，并且易于追踪和衡量。

以电商平台为例，客户满意度可能涵盖产品质量满意度、物流速度满意度及售后服务满意度等多个维度；而对于服务行业，如酒店或餐厅，则可能更侧重于服务态度、环境舒适度和菜品质量等方面的评价。

2. 数据收集与分析

确立了明确的评估指标之后，接下来的工作重点是数据的收集与分析。这一过程通常会涉及多种数据来源，包括但不限于客户反馈（如在线评价、电话调查）、内部系统记录（如客服通话时长、问题解决次数）以及第三方调研数据等。

数据分析的核心在于深度挖掘数据背后的含义，识别趋势、异常情况以及潜在的联系。通过使用数据分析工具，如Excel、社会科学统计软件包（Statistical Package for the Social Sciences，SPSS）或更高级的商业智能（Business Intelligence，BI）平台，企业能够对数据进行切片、聚合、趋势预测等操作，从而提炼出有价值的洞察。

3. 倾听“客户之声”

除了量化数据，客户的直接反馈也是不可或缺的监测资源。企业应建立多渠道收集客户意见的机制，如关注社交媒体、客户论坛、定期的客户满意度调查等。这些“客户之声”往往能揭示量化数据难以捕捉的情感层面，为改进服务提供了更为细腻和人性化的视角。

4. 实时监测与预警系统

在数字化时代，实时监测与预警成为提升响应速度的关键。通过建立实时监测与预警系统，企业可以即时捕捉到服务过程中的异常或不满情绪，并迅速启动应对机制。例如，若客服响应时间超过了预设的限制，系统会自动触发警报，提示管理层予以关注并采取相应措施。

10.4.2 调整优化：基于反馈的持续迭代

监测评估的目的不仅在于发现问题，更在于通过灵活的调整与优化，持续提升客户体验，实现真正的卓越。

1. 识别问题与根源分析

监测评估的核心目的在于识别问题并有效解决。一旦通过数据分析或客户反馈识别出服务中的短板，企业应立即进行根源分析，探究问题背后的原因。这可能需要跨部门协作，从产品设计、服务流程、人员培训等多个角度进行审视。

2. 制订改进计划

基于问题分析的结果，企业应制订具体的改进计划，明确改进目标、责任部门、时间表和预期成果。改进计划应具有可操作性，确保每一步都能得到有效执行。同时，计划中也应包含对改进效果的评估方法，以便后续验证改进的有效性。

3. 沟通与执行

确保改进计划顺利实施的关键在于高效的内部沟通。企业必须确保所有相关人员都清楚改进的背景、目标以及具体的操作步骤，从而激发他们的参与意识和责任感。此外，定期进行进度汇报和问题解决会议也是推进计划执行的关键机制。

4. 效果验证与持续优化

在实施改进措施之后，企业需要通过重新收集和分析数据来验证改进效果是否符合预期。这包括对比改进前后的关键评估指标变化以及客户反馈的改善情况。如果成效显著，则应将成功经验制度化，建立长期有效的机制；如果效果不理想，则需要重新审视改进计划，调整策略，直至找到有效的解决方案。

5. 客户参与共创

在优化过程中，邀请客户参与进来，共同探索提升体验的新途径，是一种值得尝试的策略。通过客户咨询小组、用户测试、共创工作坊等形式，企业可以直接从客户那里获得关于如何改进服务的宝贵建议，同时增强客户的归属感和忠诚度。

6. 文化塑造与持续学习

将客户体验优化融入企业文化，形成持续学习和改进的氛围，是确保长期成功的关键。企业应鼓励员工主动寻找改进机会，分享成功案例，将客户体验优化视为一种日常习惯而非一次性项目。同时，建立知识管理系统，记录并分享每一次改进过程中的经验教训，为未来提供宝贵的参考。

总之，监测评估与调整优化是一个循环往复的过程，它要求企业具备敏锐的洞察力、快速的响应能力和持续的学习精神。通过构建全面的监测体系，结合基于反馈的持续迭代，企业能够不断逼近并超越客户对该体验的期望值，从而在激烈的市场竞争中脱颖而出。